教育必须刚刚好

陈文 著

中国人民大学出版社
· 北京 ·

目录
CONTENTS

辑三 学校成功的内在机制

辑四 教育发展，教师第一

辑五 课堂是一个生命场

辑八　阅读，能扩大心灵的半径

辑九　语文教学漫谈

序

什么是“刚刚好的教育”

本书作者陈文的社会身份是湖南省浏阳市教育局原副局长。由于出现了连云港市赣榆区那位公开为应试教育鼓吹的网红局长，“教育局局长”似乎被贴上了负面标签，社会形象大为降低。不过此局长非彼局长，陈文局长的这本《教育必须刚刚好》与当前应试教育的回潮针锋相对，旗帜鲜明地倡导素质教育、保护儿童的教育、以学生为本的教育，抨击那些舍本逐末、失去灵魂的教育，令人感慨同为局长，差别怎么那么大！

这种价值观、理想和境界的巨大差异，可能是多种原因造成的，其中之一涉及教育局局长的专业化这一重大问题。众所周知，我国现行的行政体制和干部制度，将局长作为官员而配置，致使一些对教育规律缺乏尊重、缺乏认知甚至缺乏常识的人成为一方教育主官，于是，教育出现诸多乱相、教育局局长出现一些匪夷所思的言行，就可以得到解释。陈文局长是一个“另类”，他喜欢读书，热爱思考和写作，从而“扩大了心灵的半径”，拉开了与同行的差距。陈文是从教学一线成长起来的语文特级教师，之后成为基层教育官员。从一些校长、局长的个案，有时可以看出不同学科背景的影响：数学教师出身的校长、局长，往往更强调效率和管理；而语文教师出身的校长、局长，更重视学生、阅读、校园文化、教师成长等，对教育人文性的追求更多。在这本书中，专门有一辑谈阅读，谈读书是人生最好的修行，谈如何做一个卓越而幸福的教育者。“作为教育人，我们在追求卓越的路上，如果能够坚守教育良知，遵循教育规律，彰显教育智慧，那么我们就能感知职业的快乐与幸福。每位教师都行走在幸福教育的路上，师生就能收获幸福的人生。”

所谓“教育必须刚刚好”，是作者对教育规律的一种认识，这是一种各得其所、恰如其分的教育。如同“教育是农业”之喻，水分和养料既不能匮乏，也不能过度；而且要顺应时节，要因地制宜、因材施教，要有耐心、有定力，如春风化雨，水到渠成，等等。但这样说，其实还是在“术”的层面；它作为一种道，一种教育哲学，我觉得用20世纪30年代清华大学教务长、人类学家和教育学家潘光旦提出的“中和位育”来解释，再准确不过了。《中庸》曰：“喜怒哀乐之未发，谓之中；发而皆中节，谓之和。中也者，天下之大本也；和也者，天下之达道也。致中和，天地位焉，万物育焉。”“中和”是不偏不倚，谐调适度之意，“位”是各守其分，各得其所，“育”是遂其所生，是生长创造。上海有一所名校叫位育中学，即源自此。

今天来认识这种具有生态文明价值的中和位育、安所遂生的教育，更可以感受先人的教育智慧。它的对立面既是现行教育的流弊：违背儿童成长规律的揠苗助长、操之过急，提前抢跑和过度竞争；也指向违反社会需求和自然生态的制度与评价：以分数和名校为唯一追求的教育目标，大一统、标准化教育导致的千校一面、万人一格，对学生个性的磨灭和戕害。

作者在书中分析、批评了当前教育生活中许多反教育的行为，分析了学校、课堂、教师、家长、社会等各不相同的影响因素，诘问“谁绑架了今天的教育”，表达了“再难也要推进素质教育”的意愿，十分难能可贵，这才是真正的“政治正确”。当然，只有“政治正确”是不够的，我们需要冷静、严肃地面对今天中国教育的困境：美好的教育理想如何才能照亮现实？如何平衡素质教育与应试训练这样两种不同的教育需求？怎样从应试教育的严峻现实中突围？对此，做一些理论文章很容易，难的是真实的改变。这需要有理想、有良心、有行动力的教育人协力，需要学校、学生、家长和社会合力。好在我们已经看到了方法、路径和机制的改变，21 世纪教育研究院所开展的地方教育制度创新、学校教育创新、农村小规模学校建设等行动研究，都指向了对现实的改变。

我衷心地希望这本书的出版发行，能够激发更多第一线的有识之士，群策群力，从应试教育突围，走向互联网和智能机器人时代的未来教育！

杨东平

2017 年 3 月 5 日

（杨东平，北京理工大学教育研究院教授、博士生导师、学术委员会主任，国家教育咨询委员会委员，国家考试指导委员会委员，21 世纪教育研究院院长，著名教育和文化学者。）

辑 一

成人是第一位的

1．成人是第一位的

“望子成龙”“望女成凤”，是中华民族几千年传承下来的定律。反映到教育上，孩子们一脚踏进校园，老师就这么上第一课：

> 同学们，从现在起你们就是学生了。你们要好好学习，要从小树立起大志向，将来当科学家、文学家……

六七岁的孩子频频点头，但不知老师所说科学家、文学家是什么样的人。

从此以后，老师不断强化成名成家的意识，让几岁、十几岁的孩子从小就背起这如山的包袱读书。

我以为这种导向弊多利少。

基础教育最大的任务是什么？是给孩子以后的成长打下坚实的基础。因此，基础教育应该是一种成人教育。

刚入学就对孩子施以成名成家教育，这在导向上是错误的。我以为，基础教育阶段要重点培养学生两方面的习惯：学习习惯和生活习惯。要把学生是否养成了好的学习习惯和生活习惯作为衡量教育成败的重要因素。

培养学生好的习惯，一要从教师自身做起。为人师表，就是要全方位成为学生的楷模，要求学生做到的，老师要先做到，做好。如要求学生举止文明，衣着整洁，教师就必须温文尔雅，衣着干净。二要让学生从小事做起。教育无小事，事事关育人。培养良好的生活习惯，就要从走路、吃饭的姿态等小事做起，教师要身体力行地向学生渗透养成好习惯的意识；培养好的学习习惯，就要从读、写、听、说、思等方面做起，如读的习惯的培养，就要教给学生粗读、精读、速读、跳读的方法，使其形成一种自觉的行为，同时，告诉学生必须读思结合，方能取得好的效果。三要引导学生持之以恒。好习惯的养成非一朝一夕之功，而靠日积月累。特别是纠正不良习惯，更要靠毅力来支撑。

孩子有了好的学习、生活习惯，再施以道德的、品质的教育，使其人格健全，对社会和人生充满感情、充满关爱，他就能身心健康地走向社会、完善人生。即使在社会生活中遇到挫折、遭受失败，因为有好的习惯，有强的意志，有厚的精神底子，他就能想办法战而胜之，最终成为社会的中坚。

至于成才教育，我以为要在大学甚至大学以后去完成。孩子们夯实了知识的、品质的底子，到大学以后，根据自己的兴趣、爱好、特长，在教师引导下，充分发挥优势，挖掘潜力，锲而不舍，终于成为某一方面的人才。

当然，我这里的“才”，也是一个特指，指社会上的顶尖人物，即宝塔尖上的那一层。其实，三百六十行，行行出状元，行行显人才。引导学生尊重劳动，尊重劳动者，尊重劳动成果，更是一项长期而艰巨的教育任务！

2. 什么是决定孩子未来的关键

时下，你去随便问一个中小学生家长："你的孩子星期六、星期天是怎样度过的？"90% 的家长给你的答案肯定是孩子正在上这样那样的特长班、补习班。在家长看来，利用一切时间让孩子学文化，练特长，是他们唯一的愿望和选择，不如此，孩子就会输在起跑线上。

文化知识和专业特长果真像家长们想象的那样，是孩子应该掌握的最重要的东西吗？未必！

近期，一则"西安 18 岁女孩靠自学被剑桥大学录取"的新闻在网上广为流传。18 岁的西安小姑娘闫隽永得知自己被英国剑桥大学心理学专业录取的时候，还躺在被窝里，她是被父亲叫醒告知的。这个时候距离国内高考还有五个多月的时间，这位老师和同学眼中的学霸已经拿到了世界一流学府英国剑桥大学在西北五省区唯一一张本科录取通知单。谈起怎样被剑桥大学录取的，闫隽永平静地说："更多时候考官好像并不是想知道答案，而是平和地跟我交流对话，像是给一个学生上课。"她感觉，考官看重的并不是学生掌握的知识，而是遇到问题时的态度，以及看你敢不敢去想，有没有学习、研究的能力。

女孩的叙述和感悟实际上告诉我们一个道理：对孩子而言，最重要的是学习的态度，自学的方法与路径。而要有积极的学习态度和持续的自学能力，必须对学习对象有浓厚的兴趣和拥有良好的习惯。

先说兴趣。有一句话大家耳熟能详："兴趣是最好的老师。"没有哪一个人不是先对艺术创作或科学发明有兴趣，然后通过持之以恒的努力，最终取得杰出成就的。还有一句俗语也经常挂在人们的嘴上，"强扭的瓜不甜”。试问今天的家长：你的孩子参加各种补习班、特长班，是奔孩子的兴趣而去的吗？你事先平等地和孩子沟通交流过吗？若孩子有兴趣则罢。若是家长在替孩子做主，或用利益引诱，或严词呵斥，逼孩子就范，这将给孩子幼小的心灵带来多大的打击和摧残啊！一个对自己所学的东西没有兴趣的孩子，注定不可能对学习有主动、积极的态度，也不可能形成持续的自学能力。

再说习惯。一个人有多好的习惯就有多大的成就。一个生活习惯和学习习惯都很好的人，一定是一个有教养的人，一定是一个有持续自学能力的人。这样的人，即使学校教育结束了，他走出校门，走上社会，也会受到欢迎和不断进步。若在基础教育阶段，家长和老师想的都是如何将文化知识填充到孩子的头脑中，如何将音体美特长纳入孩子的身体里，以期孩子小小年纪“学富五车”，多才多艺、身怀绝技，这样练出来的孩子很可能“有知识没文化，有欲望没理想”。绝大多数家长和老师，最终的结果只能是“期稻获稗”。

小姑娘被剑桥大学录取这则新闻，给所有的家长和老师都提了个醒：她并不是靠丰富的文化知识和所谓的专业特长被剑桥大学录取的，成就她的是她身上具有的由浓厚的学习兴趣和良好的学习习惯支撑起的自学专业课的经验。值得我们重视的是她的自学能力，而这也是每个学生的核心竞争力，这才是决定孩子未来的关键。

3．不具普适性“样本”的示范意义

曾经，一则新闻在媒体上热传，说的是湖南长沙燕山第二小学校长朱志湘、长沙广播电视大学校长常立新，均在自家孩子小升初时，让孩子休学一年；而长沙市长郡梅溪湖中学党委书记夏延刚，在儿子念到初二时，也为其办理了休学一年的手续。这三位家长的初衷是，在这一年里，尽可能满足孩子的愿望：让孩子每天睡到自然醒，带着孩子寻访各种风土人情，或让孩子醉心“悦读”……

三位教育人在孩子的学校学习中果断按下“暂停键”，可谓大胆且勇敢。看得出来，他们是深谙“文武之道，一张一弛”这个理的。在孩子学习过程中，适时“打岔”，让孩子的身心暂时离开学校、教室，回归到自然状态，这未免不是一种好的选择。我曾经听过一位特级教师上课，他在引导学生学习了二十分钟的课文后，有意“打岔”，让学生说几分钟昨天校园里发生的新鲜事，再接着学习课文。课后我问起这个细节，这位老师自信地说：“我上课经常‘打岔’的，因为学生集中注意力的时间不长，我‘打岔’就是为了让学生更好地学习下节的内容。”

三位教育人和这位特级教师的举动在当下的社会背景下可谓“惊世骇俗”，不具普适性。特别是三位教育人的做法也只是三个殊途同归的“样本”。不过，这样的“样本”，却散发出“示范”的意义，表明了家长对以学习成绩为导向的应试教育的深思，更表明他们想以自己的实际行动带来社会反思和教育环境的改变。

不知从什么时候起，不能让孩子输在起跑线上，成为了很多家长的心病。看看我们身边的一些家长，从他们在送孩子上学路上不停地催促“快啊，快走”的话语中，我们感受得到其心中是多么的焦虑。在他们看来，只有在学校才能读书学习，只有在学校学到的东西才会对孩子将来的生活、工作有用。于是，他们根本不顾及孩子成长过程中的心理感受和身体承受能力，把无穷无尽的做题当作了学习的全部。他们想让孩子一天到晚、一年到头关在学校里、埋进书堆里。常常是，孩子出了校门又进各种培训机构之门。根本不想留给孩子闲暇时间，很少顾及孩子对这种生活状态的感受，不准上网，不准看电视，也不让做家务。在这种高压重负下培养出来的人，身体得不到正常发育，心智得不到全面发展。如果我们不在成人，成为全面和谐发展的人这个目标上去下功夫，有朝一日就会发现，现在的苦心经营可能全部都是白费力气。笔者曾在一个县教育局分管高校招生多年，每年高招体检结果下来，专业不受限的学生约占全部人数的 20%，有近 80% 的考生因为近视等身体原因专业受限，这不能不引起我们的重视。

学习难道只能发生在学校里吗？答案当然是否定的。学习应该发生在孩子每一天的生活里，无论看书还是玩耍，都是学习，都对孩子的成长有益。像上面三位家长所做的，让孩子睡到自然醒，这对孩子的身体是十分有利的。带孩子去亲近自然，去寻访各种风土人情，这有利于开阔孩子的胸襟和眼界，培育正确的情感、态度、价值观。至于引导孩子醉心“悦读”，那更是让孩子精神健康成长的必由之路。朱永新先生曾说：“一个人的精神发育史就是他的阅读史。”

真正爱孩子，就要想方设法让孩子有一个幸福的童年，以此为孩子一生的幸福奠定基础。三位教育人的举动不失为一种尝试。具体而言，一是舍得花时间和孩子游戏、闲谈，共度美好时光，让孩子充分享受亲情的温暖；二是尽力抵制应试教育的危害，保护孩子的天性和智力健康成长；三是注意培养孩子的人生智慧和独立精神，引导孩子努力去争取人生的幸福，承受人生必有的苦难。

三位教育人让孩子适时“休养生息”，渴望孩子能够真正成长为身心健康的人，能够在成长期享受到学习和生活的乐趣。尽管这还只是一种尝试，但却让我们看到了探索的价值。我们有理由相信：“这一年”对孩子一生的影响将是深远的。

4. 让学生站在学校正中央

学校是为学生而设的，要让学生成为全面发展的、和谐的人，必须坚持以人为本，让学生站在学校正中央。

一是强调人文关怀，让关爱与成长相伴。以人为本是基础教育课程改革的精髓和实质。为了保护每一位学生受教育的权利和自尊，我们要满腔热情地爱护每一个学生，坚定不移地相信每一个学生，千方百计地帮助每一个学生。对待弱势学生，即所谓学困生、德困生等，尤其要满怀关爱，精心呵护，耐心扶持，随时帮助他们解决学习和生活上的困难。让爱洒满学校的每一个角落，教育就会展现出无穷的诗意美与人情美。

二是倡导全员参与，形成全方位管理的格局。我们的教育管理应该处处为学生的成长着想，充分满足其学习、生活、情感的需求，营造良好的学习环境，让所有学生都能心情愉快地投入学习，从而焕发出学习的积极性、主动性和创造性。因此，中小学校要充分发挥教育处、年级部（组）、班主任、科任教师在学生管理和教书育人中的不同作用，树立全员育人的理念，加强学校与社会、家庭的联系，建设积极向上、温暖和谐的班级学习团体，形成全程育人、全员育人、制度育人、环境育人的良好氛围。

三是实施个性教育，促进学生全面发展。从入学之日起，就要想方设法让所有学生都学会做人、学会做事，要让不同程度的学生都学有所获、学有所成。要根据学生的基础、兴趣和特长，实行个性教育，提高教学的针对性。要重视对学生智力倾向、非智力因素的分析，引导学生认识自我、解剖自我，规划人生。同时，中小学校还要进一步加强体育与健康、生命与安全教育，让学生身心健康成长。

四是加强心理辅导，培养健康的个性和健全的人格。近年来，由于社会竞争日益激烈，各种思潮风起云涌，心理问题已成为一个世界性难题。目前，中小学生的心理问题越来越严重，自信心不足，耐挫能力差，人际关系不协调；受早恋问题困扰，情绪不稳，自我失控；学习困难，考试焦虑，厌学甚至厌世。处于高度紧张中的中小学生，抑郁、焦躁、倦怠、惊惧等情绪状态不时存在。因此，我们要高度重视学校心理健康教育，应成立校长领头的心理健康教育领导小组，按要求足额配备专兼职心理辅导教师；应广泛开展心理辅导活动，包括开设心理健康教育课程，进行发展性团体心理辅导；应开展心理咨询活动，进行补救性个别心理辅导；应开展"阳光少年""快乐成长"团体心理集训，聘请专家来校进行团体心理辅导。针对当前学生突出的心理问题，组织有经验的教师对有关学校和班级进行及时有效的心理干预；将心理健康教育贯穿于学校教育的全过程，贯穿于学生学习、生活的所有环节；积极开通学校与家庭同步实施心理健康教育的渠道，通过家长会、家长学校、家访等途径指导和帮助学生家长提高心理疏导能力，共同疏解学生的心理困惑，引导学生宣泄不良情绪。同时，有条件的中小学校要努力加大投入，加强心理健康教育基本设施建设，建立和完善心理咨询（辅导）室，逐步开辟心理训练和活动场馆，为学生的心理辅导和心理素质训练提供必要的场所。

5．千万不能拿孩子做工具

据《扬子晚报》报道，一位家长在网上发帖称：自己上小学的孩子考了一个90分，位列班上倒数第五，他向大家征求意见该不该打孩子一顿。一位姓孙的家长告诉记者，自己的孩子考试一般都在96分左右，在班上只是中等成绩。读完这则报道不久，《南京晨报》又爆出消息：有一个孩子，小学一年级，考了94分，小学阶段不公布排名，家长一开始还挺开心的，不料老师却说："你的孩子要加油哦，班上倒数第四！"家长惊呼："94分还是倒数第四，难道现在的孩子都是天才吗？"

两则新闻反映出现在的家长普遍存在一种排名焦虑症。放眼当今社会，我们不能过多地责怪家长。在我们这个人口众多、优质资源相对匮乏、同质化竞争激烈的社会中，人们在改善自己的同时，眼睛也不得不盯着别人，生怕被别人比下去，因此，今天家长和教师的焦虑是整个社会焦虑的一部分。不幸的是，许多家长和教师把自己的焦虑简单地转化成对孩子施加压力，盲目跟风，使得小学阶段就存在极端功利的教育现象：为了多得几分，不惜血本，占用孩子的时间，让他们没完没了地做机械重复、毫无新奇体验的作业，过重的学习负担使得校园少有歌声和笑声。

曾经还有一则消息被各类媒体转载，这就是"北京叫停奥数培训"。《新京报》2012年8月30日报道：北京市教委召开紧急部署会，明确提出：从即日起叫停与升学挂钩的奥数竞赛培训。一项只适合5%有数学天赋中小学生的培优活动，发展到现在几乎成了京城所有中小学生的

“主食”，其普及度和难度都达到了前所未有的程度。

禁令发了，是不是令行禁止，万事大吉了呢？据人民网消息：现在北京奥数班的确再也找不到了，但一个叫“思维训练强化班”的新东西又出来了。在这年年底，北京各种培训机构重整奥数旧部，树起了各种名目的大旗。敏感的商人们相信，那些好初中一定不会坐视小升初“无规则”的，早晚还是会搞选拔的，而家长的必然选择是让孩子参加各种培训班。因此，只要优质资源依旧稀缺，小学生间的竞争就会存在。奥数被禁了，另外多种形式的培训、补习就会像雨后春笋一样。

据《武汉晨报》报道：记者对500名小学二年级和五年级的学生进行了调查，结果显示，三成学生坦言自己不幸福，排名前三的理由是：培优班上到“麻木”、每天玩耍时间不足、父母常常不在身边。学生普遍反映：最难熬的是双休日，周六上午2小时补语文，2小时补数学，下午3小时补英语；周日上午4小时练书法，下午3小时学其他特长。

童年应该是人一生的快乐高地，是人生乐观精神的发祥地。一个人连童年时都不快乐，他还能期望什么年龄时更快乐呢！由于没有时间去体验生活，目前小学生普遍感觉作文没有东西可写，只好胡编乱造，结果洋相百出。

至今很多家长和教师对小学教育的价值和目标还认识不清，以为主要是学文化科学知识。因此，在家里、在学校，大家关心的是孩子的作业，看到孩子没有在做题，家长和教师就会陷入焦虑。实际上，那种只为分数和竞争而进行的学习，是对学习兴趣的极大摧残。那些对学习内容本身提不起兴趣，学习成绩跟不上的学生，他们会逐渐变得不自信，继而意志消沉。无数不自信的人进入社会，对整个社会而言是灾难性的。其实，小学阶段学习的重点绝对不在学习内容本身，关键是要让孩子们建立学习兴趣，培养学习习惯，让他们成为有学习能力的人，终身学习的人。

行文至此，我又不自觉地想起了陶行知先生几十年前呼吁的“六大解放”。我期待在今后的岁月里，这些解放能不断变为现实。我呼吁教育工作者，不做伪教育的帮凶，不拿孩子做工具！

6. 舍本逐末不足取

当今社会，竞争意识渗透到了各个角落。人们从来没有像现在那么强烈地意识到：如今无论做什么事都必须凭“本事”吃饭了。于是，一些家长也对自己孩子的成长表现出前所未有的关心。他们不考虑孩子的兴趣爱好，不考虑家庭的经济承受能力，在孩子完成正常的学习任务后，觉得这样还是很不够，将本来应该让孩子休息娱乐或扩大视野的自由支配时间挤到“文学创作班”“艺术表演班”。这样做了以后，又常常埋怨“有意栽花花不发”！

其实，这样做是在舍本逐末！

望子成龙是每个家长的心愿。但我们做家长的应该明白：父母是孩子的第一任教师，也是终身的教师。仅仅知道抚养孩子，那是连“鸡们”都会做的事。重要的是要懂得“教育孩子做人”，这是整个教育的“本”。为此，身为父母者，一是要确立“做人第一”的教育观。让孩子逐步形成正确的情感、态度、价值观，也就确保了你的孩子将来进入社会后不是“次品”，更不是“废品”“危险品”。二是要营造浓厚的家庭学习氛围。现在不少家庭，舍得花钱装修，把家里搞得美轮美奂，各种现代化家电一应俱全，可就是缺少一个家庭必备的“灵魂”——书。一个在充满烟酒味、没有书卷香的家庭里成长的孩子，他的人格肯定是有缺陷的。三是要做孩子学习的榜样。我们不要以为学习是孩子一个人的事，应营造全民终身学习的社会氛围。阿拉伯世界里有句谚语：学习，从摇篮到坟墓。位居中东的以色列，虽然战火不断，但枪林弹雨并没有浇灭人们的读书热情。据报道，以色列的国民人均年读书量达 64 本之多，居世界首位。在当今强调终身学习的社会里，每个人都应不停地学习。父母自己整天沉醉于牌桌、舞池，却一个劲地要求孩子读书呀，读书呀，这又有多大说服力呢？

学校是学生成长的主阵地。因此，作为育人的场所，学校一定要根据社会发展、时代要求以及学生的年龄特征和个性差异，为孩子们的智力成熟和精神成长提供尽可能好的条件，让孩子们视学校为真正的“乐园”。学生也应该懂得：课堂是促进成长的“本”，是获得知识、培养能力、提升素质、凝聚智慧的主渠道。学习是没有什么秘诀可言，没有什么捷径可走的，关键是勤奋、专心、持之以恒！要珍惜课堂内外的时间和机会，师生之间、生生之间讨论交流、沟通创造。课堂把握好了，课后根据自己的兴趣爱好，在教师的指导下，或参与文体活动，或动手做些小发明，或阅读古今中外的一些名篇名作，这样，既能丰富生活，又能促进成长。若学生不重视学校、课堂的作用，没有自信、自律、自主、自强的学习品质，一心只想反正要去参加各种形式的“校外补”，这就本末倒置了。

面对“补习热”，学校、家庭、学生三者都要冷思考。那种寄希望于通过这样那样的文化补习、特长培训的学习是舍本逐末的做法，这种“课后补”“校外补”结果只能是得不偿失。唯有营造书香家庭、书香校园乃至书香社会，我们的孩子才能生动活泼、全面和谐地发展，我们的下一代才能够真正“面向世界、面向未来、面向现代化”。

7．也谈人的智能的多样性

我们最常见的评价学生的手段是考试，即用分数来评判一个学生掌握知识的多少。另一种方式就是通过智商测试来判断学生智力的高下。

而美国哈佛大学教授霍华德·加德纳提出的多元智能理论，值得我们学习和借鉴。加德纳认为，人有多种智能，即语言智能、逻辑—数学智能、运动智能、空间智能、音乐智能、人际关系智能、自我认识智能和自然探索智能。用多元智能理论来观照每一个学生，我们就会觉得教育的天地真宽阔。

一个班级中，每个学生都有自己的优势智能和弱势智能，作为教育者，我们就要帮助学生张扬优势智能，并想方设法弥补其弱势智能。如班级中有的学生语言智能强，我们就可以创设一个语言学习的环境，通过听、说、读、写的训练，将他培养成为作家、记者、演说家、新闻播音员的毛坯；有的学生逻辑—数学智能强，我们就可以把他培养成科学家、数学家、工程师的毛坯。国外有一个这样的教例。一个叫波拉的孩子，初到学校，被认为有学习障碍，到小学三年级时各门功课都未及格，这时，一位教师发现了波拉的舞蹈天赋。波拉不会用手写 26 个英文字母，教师就引导她用身体表现 26 个字母，并要她用身体展示教师在黑板上写的字，用舞蹈完成作业。波拉的运动智能得到充分发展，其他智能也相应有提高，后来成为了优秀学生。

这个故事告诉我们，教师一定要了解人的智能是多元的，智能之间是可以相互促进的。一个会观察、善思考的教师总是想方设法促进学生的智能不断发展。

还有一个本土故事。在湖南省的西北地区有一所省示范中学，其中一个班里有两位这样的学生，一位品学兼优，一位则成绩平平。那位成绩平平的学生是父母用钱买进该校的，由于基础较差，他很自卑。班主任知道这个情况后，有意安排他们俩同桌。一直同桌了三年，品学兼优的学生多项智能得到充分发展，而成绩平平的学生耳濡目染，信心大增，学习上既刻苦又讲究方法，各方面均不断进步，结果前者考取了北京大学，后者考取了北京服装学院，两个人同时进京读书，在当地传为佳话。

多元智能理论对我们教育工作者启示多多，它告诉我们：每一个学生都有巨大的潜能，教育者必须认真观察、深入分析、正确认识每一个学生，然后因材施教，发挥学生的个性特长，这样才真正是在为国育才。

8．谁绑架了今天的教育

2012 年 4 月，发生了一件令教育者无比纠结的事情。

在南方某中学周一例行的升旗仪式上，被指定上台演讲的学生悄悄换掉学校已经把好了关的稿子，上台后发表了一段抨击中国教育的演说：

在这个庄严的时刻，我要告诉大家，我们接受的是什么样的教育。……我们不能只为父母的理想而努力，应该有自己的理想。这种变味的教育，学了能有什么用呢？就算考上大学又能如何？找到工作又能如何？我们不是机器，即使是机器，学校也不该把我们当成追求升学率的工具！

在这样的教育下，我们都在争取什么呢？都变成了什么人呢？

……

如何树立远大理想？请先给我们自由生活，请先还我们快乐成长的时光！

这段让人始料未及的演讲震撼了在场的 3000 多名师生，随之波及全国。大家在赞扬这位学生敢于讲真话的同时，也对现在日甚一日的应试教育表示出极大的不满和忧虑。

受几千年来“万般皆下品，唯有读书高”“学而优则仕”观念的影响，受几十年来体制、机制的约束，我们的教育面临严峻的挑战，学生的负担十分沉重。十几年下来，很多学生背驼眼近视，等到高考体检，身体条件真正全部合格者约占 20%。这是一种怎样的悲哀啊！

是教育主管部门不知现在的教育存在种种弊端吗？是教育工作者不明白育人规律吗？是家长不知这样读书对孩子的成长无益吗？是学生心甘情愿生活在这么一种状态中吗？都不是！主管部门、教师、家长和学生都知道这样的教育是弊端重重的，可就是徒唤奈何，因为今天的教育被一种社会氛围绑架了！

这种社会氛围是由中国社会里的传统观念、人情世故、体制机制等要素相互碰撞与融合而形成的，它让你看不清、道不明。

这种氛围像一张纵横交错的网，把各方罩住。在这种氛围中，谁都不愿意也无法去冲破它。于是，教师蛮教，家长苦缴，学生死读。年复一年，恶性循环，“钱学森之问”（即“为什么我们的学校总是培养不出杰出人才？”）也就成了天问！这位学生在国旗下的一番真言也就显得那么的惊世骇俗！

在这种氛围中，我们每一个人一不留神就会推波助澜，就成了应试教育的帮凶！我们既是被绑者又是绑架者，这又是一种怎样的吊诡啊！

一个民族能走多远，关键是看它的教育步伐有多坚实！中国的教育再也不能被这种莫名的氛围绑架，再也不能出现孩子们血泪的控诉！应该回到它的原点，应该回归它的常识！

教育的本质就是帮助学生成人。在这个帮助的过程中，教育者首要的任务就是要让学生明白人之所以为人的独特品质。这种品质中最重要的又是独立思考的能力和创新精神。前国务院总理温家宝在母校中国地质大学的演讲中深情地说道：“一所学校最重要的，是要提倡自由之精神、独立之思想。青年学生要有自己独立的思考，这是最宝贵的。”的确，一个具备独立思考能力的人，就不会去简单复制书本上的知识和别人的言论，就不会轻信甚至迷信权威的说法和论断，就不会轻易受大众舆论影响而随波逐流，就能在深刻理解、充分思考的基础上提出自己独到的想法和见解。

我们要冲破现实的藩篱，纯净混浊的氛围，在教育教学过程中，千方百计地挖掘现实生活中的教育要素，像保护自己的眼睛一样保护好学生的好奇心，培养他们的独立思考能力，激活他们的创新潜能，让他们在健康的教育环境里自由地生活，快乐地成长。如此，我们的辛劳才会得到学生认可，我们的教育才会无愧于未来！

9. 教育必须刚刚好

家里养了不少花草，其中有两盆君子兰。这个夏天，持续高温，看到花草们病蔫蔫的样子，我确信它们是渴了，每隔两三天，就提一桶水浇灌它们。

其他花草喝水后一副绿油油的样子，而君子兰叶片逐渐黄了，我吓了一跳，以为它们渴得厉害，又特意为两盆君子兰加两勺水。谁知道它们黄得更快。我向一位同事谈起料理花草之事，说到君子兰不知何故竟黄了。同事说：水淋多了！

就这样，两盆高贵的君子兰，在我“悉心”的照料下，死了。

世间万物的生长莫不如此，它们的生长都是有规律有定数的，若违背则事与愿违。世间万事的成败莫不如此，“过之”和“不及”都不能达到预期的效果。

教育工作同此道理，现实生活中，学校、家庭在教育过程中“过之”的例子数不胜数。学校教育中，“奇葩”招数频频迭出，过度的教育方法和手段让社会瞠目，让学生生厌；家庭教育中，家长因望子成龙心切，过度教育引发冲突，最终导致杀父弑母的悲剧时有发生。“不及”的情况也很常见。如有的学校美其名曰“张扬个性”，罔顾学生的兴趣激发和习惯培养，采取“放羊式”管理，教师不以育人为己任，课堂上花拳绣腿，学生在这样的地方既学不到知识，也无法健全人格。回到家里，有的家长或忙于工作，或忙于娱乐，都是从自己的角度去考虑，忽略了孩子是否需要你管，孩子需要你管什么，不需要你管什么。许多崇尚“散养”的父母对孩子不闻不问，当孩子出现严重问题时才后悔不已。所有这些现象和结果都告诉我们：教育必须刚刚好！

若要教育刚刚好，需要教育人有强烈的家国情怀和担当精神。北宋思想家和教育家胡瑗说："致天下之治者在人才，成天下之才者在教化，教化之所本者在学校。"当代也有"振兴民族的希望在教育，振兴教育的希望在教师"的口号，可见，自古至今，都明白学校、教师在推动社会进步中特殊而重要的作用。因此，教育人一定要有职业自信。柏拉图说，一个民族中只有最优秀的公民才有资格当教师。教育人就是这个民族中最优秀的分子，教育人的工作事关民族和国家的前途与命运。让这种家国情怀和担当精神长驻心中，怀着宗教般的意志去从事自己的事业，教育才能刚刚好。

若要教育刚刚好，需要教育人明确自己工作的意义。关于这一点，没有太多的歧义，教育就是要将一个个自然人引导成为社会人，而且是全面、和谐发展的社会人。爱因斯坦说："学校的目标始终应当是：青年人在离开学校时，是作为一个和谐的人，而不是作为一个专家。"苏联教育家苏霍姆林斯基也说："学校的首要任务是培养人。请记住：远不是你所有的学生都会成为工程师、医生、科学家和艺术家，可是所有人都要成为父亲和母亲、丈夫和妻子。假如学校教育按照重要程度提出教育任务的话，放在首位的是培养人，培养丈夫、妻子、母亲、父亲，而放在第二位的才是培养未来的工程师或医生。"因此，教育孩子"成人"是第一位的。

若要教育刚刚好，需要教育人让学生站在学校"正中央"。真正树立面向全体、正视个体的理念，真正落实两千多年前孔子提出来的"有教无类""因材施教"的教育原则。目前教育效果不尽如人意，一个最重要的原因是：教育者不了解学生！在不了解学生的情况下实施教育，就像医生根本没有问清病人的病情就开处方，其效果是可想而知的。教育人了解学生要了解些什么？一是要了解学生已经有什么；二是要发现学生还缺什么；三是要研究学生的困难和障碍是什么；四是要寻找学生的差异是什么；五是要追问学情与教学目标、内容、方法及教学过程的关系是什么。只有充分尊重学生、了解学生，你的教育才能刚刚好。

若要教育刚刚好，需要有良好的社会环境和温暖的家庭氛围。社会、家庭、学校三者紧密结合，是产生良好教育效果的前提，缺失任何一方，都将使教育效果大打折扣。目前，社会环境不好，浮躁之风甚嚣尘上，家长的功利意识也毫无遮拦，把学校、学生挤压得喘不过气来。学校内外，反教育、伪教育很有市场，有时还大行其道。因此，必须从社会层面开始，为教育营造良好的、公平的环境，让教育依据其本身的规律科学地发生。必须引导家长转变育人观念，应明确告诉他们：家庭教育中不能错过孩子从他律到自律转换的关键期；别忽视了对孩子自控、自律意识和能力的培养。

法国思想家、教育家卢梭在其著作《爱弥儿》里说过这样一段话："大自然希望儿童在成人以前就要像儿童的样子。如果我们打乱了这个次序，我们就会造成一些早熟的果实，它们长得既不丰满也不甜美，而且很快就会腐烂。就是说，我们将造就一些年纪轻轻的博士和老态龙钟的儿童。"他的这番话告诫我们：必须遵循儿童发展的规律施教，过度教育比不教育更坏。像我对待家里的花草，不管它们的习性，每蔸一勺水，以为公平，实则让一些花草吃不饱，另一些花草吃不了。这种"不及"和"过度"的行为，都是有害的。这样的教训太深刻了。

其实，我国现代著名教育家陶行知也早有言："培养教育人和种花木一样，首先要认识花木的特点，区别不同情况给以施肥、浇水和培养教育，这叫'因材施教'。"

教育，必须刚刚好！

10. 再难也要推进素质教育

在中国，素质教育的口号喊了20多年，但现实情况并不尽如人意。总体而言，还是“素质教育喊得震天动地，应试教育抓得扎扎实实”。20多年来，虽然出现过“汨罗经验”“烟台经验”等，但就全国来说，仍陷入一个素质教育人人期待却人人无力，应试教育人人声讨却人人助推的僵局。

最近一项对全球21个国家的调查显示，中国孩子的计算能力排名第一，想象力倒数第一，创造力倒数第五，这一结果，再一次触动国人的神经。大力推进素质教育，一是时代发展的呼唤。当今时代，经济社会发展日益转向创新驱动，只有高度重视和发展素质教育，大力培养创新型人才，才能抢占发展的主动权和制高点。二是国家富强、民族复兴的需要。兴国必先兴学，强国必先强教，只有全面推进素质教育，培养一大批优秀人才，才能为国家发展和民族复兴奠定坚实的人才基础。三是亿万家庭幸福生活的前提。只有推行素质教育，才能让青少年成为身心健康的人，人格健全的人，学有所长的人，每个家庭的幸福生活才有保障。

可是，我们的中小学教育在一些地方被异化为精英教育，一些学校在教育理念上仍然存在“分数压倒一切”的误区，以致“伪教育”乃至反教育的事件层出不穷。前不久发生的“绿领巾”“红校服”等事件，严重损害了一些学生的人格尊严，未成年人的权利被忽视了。从应试教育向素质教育的转变，不仅是教育领域的一场深刻变革，也是全社会的一次观念蜕变，它既是一场攻坚战，又是一场持久战。

可见，实施素质教育是一项系统工程，不仅是学校的事，是教育部门的事，而且涉及家庭、社会各个方面。政府、学校、家庭、社会只有相互配合，才能营造有利于落实素质教育的良好的育人环境，一起承担起培养下一代的重任。

首先，政府应起主导作用。教育是关系国计民生的战略性、基础性事业，让所有未成年人接受良好的教育，是政府义不容辞的责任。各级政府应树立科学的教育政绩观，充分发挥政策的引导作用，加强对学校推行素质教育的指导。同时，加大财政投入的力度，提供更多的优质教育资源，促进教育公平。在评价学校工作时，教育行政部门不要以升学率作为唯一依据，要想方设法为学校推进素质教育创造宽松的环境和条件。

其次，学校是落实素质教育的关键。学校是落实素质教育的主阵地，中小学校都应树立正确的办学理念，尊重教育规律和学生成长规律，不断强化以人为本、德育为先、能力为重、全面发展的育人理念。真正把提高学生素质、促进学生健康成长作为学校一切工作的出发点和落脚点，尊重每一个学生的个性，关爱每一个学生的进步，千方百计为他们提供适合的教育。

再次，家庭是落实素质教育的基础。家庭是每个人人生的第一站，父母是儿女的第一任教师。现实生活中，不少家长怀着望子成龙的期待，在社会环境的影响下，不顾孩子的身体及兴趣爱好，除了催促孩子完成学校的学习任务外，还让孩子上各种“特长班”，把孩子弄得身心疲惫。这样的好心办坏事，对孩子的成长不仅无益而且有害。因此，为人父母者应该树立正确的育人观，以子女的身心健康和成长成人为根本，不盲目地拔苗助长。

最后，整个社会也应该积极倡导正确的人才观。改变学历崇拜倾向，形成使用人才重素质、重实际能力的观念。要在全社会营造“身份无高低，职业无贵贱”的风气，消除行业歧视，缩小行业间的收入差距，使人们不再靠拼升学、拼职业来赢得社会尊重。要努力消除社会浮躁之气、功利之风对教育的侵蚀，让教育回归育人的本真。

辑 二

当教育奔跑
在功利的大道上

1. 随班办公让课堂“失色”、管理“失味”

河北省邯郸市广泰中学实行“教师全程随班办公”模式，试图打破传统的师生学习和办公的空间藩篱。学校通过“一拖二”的办公室与教室的特殊改造，在每个教室后部设有班主任办公室。班主任能够通过办公室窗户随时观察每位学生，在办公室随时掌握班级动态，全面了解学生的学习兴趣、听课状态、自学习惯等，第一时间发现学生存在的问题，及时、有针对性地介入解决问题。

试想一下，一个个学生面对教师们的“前后夹击”，正襟危坐于教室，会有什么样的表现？美国教师雷夫 · 艾斯奎斯曾这样说道：“大多数教室都被一种东西控制着，那就是害怕……教师怕丢脸，怕不受爱戴，怕说话没人听，怕场面失控……学生更是害怕，怕挨骂，怕被羞辱，怕在同学面前出丑，怕成绩不好，面对父母的盛怒。”毫无疑问，因为有了“第三者”的介入，恐惧必将在课堂内进一步延伸。

班主任随班办公会影响教师正常水平的发挥。每一个教师都有着自己独特的教育教学风格，也有着自己的教育教学智慧。因为有了严密的“监控”，教师的引领会不知不觉地发生变化，会更多地顾及第三者的感受，原本是一堂面向全体学生的课，却因为教师顾及在同伴面前的“表现”，课堂越来越有着教师个人表演的趋势，教师越讲越深奥，学生越听越模糊，同伴越听越迷茫。身在课堂中的教师，不能不顾及班主任的存在，一些有可能引发学生思考和争鸣的话题与活动，因为有了课堂后面的那一双眼睛不得不戛然而止，毕竟谁也不愿意在同伴面前“失态”和“失控”，因为有了这些顾忌，教师也难以发挥自己真正的水平。

班主任随班办公会影响学生自主学习能力的提升。同样，因为有了班主任的存在，学生在课堂上也会存在着诸多的顾虑。想提问者，因为担心问题“幼稚”而噤若寒蝉；想回答问题者，因为害怕“失误”而三缄其口；想和同学讨论者，因为担心“扰乱课堂”而放弃讨论，百思不得其解；想用心思考者，因为担心“开小差”而不得不直视教师或课本。顾左顾右，顾前顾后，就是顾不上认真听讲，顾不上独立思考，顾不上自主合作探究，从而影响学生的学习效率，影响学生创新思维的培养，影响学生个性的张扬，影响学生独立人格的养成。随着课堂恐惧氛围的加浓，学生越来越感到压抑，课堂也就慢慢失去了让学生产生想法的本色！

班主任随班办公看似是班级管理的加强，实际上是班级管理上的一种无奈之举，长期如此，将严重影响学生自律能力的提升。因为有了班主任的介入，学生似乎规规矩矩而“用心学习”了，然而，学生的生活不只是在课堂，且不说凭空增加的工作量让班主任不堪重任，班主任能保证时时刻刻都紧盯着学生吗？引领学生走向自律，这是一种更为高明的管理。孩子在一个地方跌倒，让他自己爬起来，这样孩子就不会在这个地方跌倒第二次；同样，孩子在课堂上出现了问题，让孩子自己用心去思考问题所在，总结经验，吸取教训，这样孩子就不会犯类似的错误了。中学生已经具备较强的是非观，稍做引领，学生很容易迷途知返，在自我认识中规范自己的行为，从而理解自由和规则的真正内涵，促进自律能力的提高。

严密监控，说到底还是一种不相信学生的表现。教师对学生的不相信很大程度上还能引起学生对教师的不相信。师生之间缺乏必要的信任，很容易滋生学生的逆反心理，有可能导致课堂上规矩课后不规矩，校园里规矩校外不规矩的行为。这是一种治标不治本的做法。相比之下，善意是一种更高明的管理方式，相信学生，让学生相信教师的用心良苦，一切为了学生，人非草木，孰能无情，从内打开，让学生真正重视学习，课堂将会是学生学习的殿堂。管理是一种效能化思考，通过管理引领学生走向自律，从而引领班级走向自治，这是班级管理的更高境界。班主任随班办公，这样的管理过于僵化，会让学生兴味索然！

2. 改名不是获得优质教育资源的唯一途径

2012年，长沙市内的几所中学纷纷改名。如：高新区延风中学更名为湖南师大附中高新实验中学，长沙市第十二中学更名为长沙市湘一芙蓉中学，明德中学老校区更名为明德华兴中学，周南中学老校区更名为周南实验中学，雨花区洞井中学更名为明德洞井中学。长沙市教育局在发出的更名公告中称，这是“为充分发挥省级示范性中学的示范辐射作用，进一步扩充优质教育资源，提升初级中学的办学水平，满足人民群众就近接受优质教育的需求”。的确，在湖南、在长沙，无论官方、媒体，还是普通百姓，都喜欢把湖南师大附中、长沙市第一中学、雅礼中学、长郡中学封为湖南的“四大名校”。这次更名，教育主管部门是想通过名校效应（其中，雅礼有南雅中学，长郡有长郡双语实验学校等冠名者），提升被更名的这些学校的办学水平，以期获得广大家长的认同和良好的社会效应。

我不怀疑主管部门的初衷，但这样做就真的能出效益吗？回答应该是否定的。

首先，我们应该厘清优质学校的概念和内涵。

应该根据事物本身的性质而不是人们对这个事物的外在需要来判断它是否优劣。要根据基础教育的性质来讨论基础教育的优劣。《国家中长期教育改革和发展规划纲要（2010—2020年）》明确提出了我国基础教育阶段学校教育的任务：“注重品行培养，激发学习兴趣，培养健康体魄，养成良好习惯。”由此可知，中小学就是要在基础的底线上下功夫，即帮助学生打好“成人”的基础。从这个前提出发，基础教育领域内的优质学校是基于学生全面发展的学校，学生的全面发展是基础教育优质学校的主要特征，其目标是培养健康合格的公民。优质的学校教育是“成人”教育而不是择优教育，是底线合格教育而不是筛选拔高教育。校长和教师不应该在生源上大做文章，不论学生的家庭背景怎样，天资如何，都应施以打下人生基础的教育，让每一个学生在德行、个性、知识、能力等方面具备合格公民的基本素养。在中小学校里，最优秀的教师是“因材施教”的教师，他会“目中有人”地帮助班上的每一个学生；最优秀的校长是“有教无类”的校长，他会以“爱满天下”的情怀善待每一个学生。

其次，我们常挂在嘴上的“名校”又有哪些“名分”呢?

“升学率高！”这是社会对这些名校津津乐道的地方。不可否定，这些年来，这些学校的高考上线人数、本科一批的录取人数、进著名大学的人数是比其他学校多出很多。《长沙晚报》2012 年 6 月 26 日以“湖南‘最牛班’一个班 32 人可上北大清华”为题对长郡中学的高考成绩进行以下报道：

湖南省 2012 年高考成绩揭晓，长郡中学再次刷新纪录，北京大学、清华大学上线 57 人，该校曾在 2009 年创造湖南“史上最牛班”的班主任徐光明再次创造奇迹。她所带的班级 59 人中，34 人被保送到国内一流大学，其中保送到北京大学、清华大学的 22 人；25 人参加高考，平均分为 647.8，有 10 人达到北京大学、清华大学在湖南的招生分数线。这样，该班 32 人可上北京大学、清华大学，成为湖南史上又一个“最牛班”。

请原谅我在这里援引原文，一再让“北京大学、清华大学”字眼冲击你的视觉，这正是记者所要达到的效果。作为业内人的我没有被这则报道冲昏头脑，相反，我还有疑问：这所学校其他班的成绩如何呢？没有报道。这就不难解释，这个班是集中了全校乃至全省的优秀生源，重点培养，以求新闻效应。这种舍多数而保少数的做法与国家提倡的全员发展、全面发展是背道而驰的。

“管理严格！”这是流传于民间的又一说法。全封闭、军事化管理，从早到晚，课上不完，作业做不完，是这些学校严格管理的基本特征。前年，就传出过一所名校的学生因不堪学业负担重而自杀的新闻；去年，又传出一所名校的学生因嫉恨成绩好于自己的同学而举刀将其杀害的事例。这些事件凸显了这些名校在办学思想、管理方法上存在的问题，而这些都被高升学率的光焰遮盖着。

再次，更名就意味着“扩充了优质教育资源”？

如前所述，这些名校的“名分”就是升学率高，即使在多年的办学过程中有些积淀，但办学特色并不十分明显。现在要他们“输出办学理念，去帮扶其他学校，以求加大支援力度，加强深度合作，促进共同发展”，这真有些强人所难！一则，自身的“优质资源”只有那么多，拿出一部分来就意味着对自身资源的稀释，以这种稀释的资源去促进共同发展，只能是一厢情愿而已。二则，一所学校的发展要尊重教育规律和实际情况，这种不顾实际的“强扭瓜”“拉郎配”，不可能有理想的效果。到头来，被改名的学校不仅没有因此得到“提升”，反而把自身的特点、特色也弄丢了。这样的事情在20世纪90年代的上海就发生过。当时上海建平中学以“合格加特长”“规范加选择”的特色著称，声名远播，一些学校照搬建平管理模式，于是，出现了××建平中学、建平××中学等，但随着时间的推移，这些学校并没有出现预期效果，取得理想成绩。究其原因就是忽略了学校自身的实际情况。

可见，要让一所学校真正成为优质学校，一是要有正确的办学思想，即面向全体，全面发展，让所有学生都学有所获，学有所成。二是要有科学的实干精神，即尊重教育规律，以人为本，办适合学生的教育。三是要有良好的总结、提升的意识，即号召全体教育工作者面对纷繁复杂的教育现象，善于思考，勤于总结，久而久之，学校就会出现一批懂教育、爱学生、有成就的教师。教师出名，学校名显，这样的教育才是人民满意的教育！

3．反思“奇招”背后的考评机制

《南方都市报》的一条新闻真的吸人眼球。2015 年广东省潮州市湘桥区接受“教育强区”省级督导验收，学校各出“奇招”：城南小学为让班级人数达标，组织数百“超编”学生冒雨外出“参观”；有学校临时组织学生出外看电影，或紧急调整课时表，或装饰美化校园等。

“学校教育孩子要诚实，自身却公然做出虚假的事。”一位家长说。学校是最不能做假的地方，试想，我们的孩子如果从小就在一个虚假的世界里生活，等他们长大了，将会带给我们一个怎样的世界？倘若办学条件得到了实质性提高，大班额问题得到了有效化解，学校至于组织此类危机四伏的公开造假活动吗？学校为什么会这么做？考评指标验收存在漏洞，主管部门不够重视，结果运用单一。另外，“奖补”能带来巨大利益！“辖区 5 万多学生，每个学生可从省里获得 500 元左右‘奖补’，算下来至少 2500 多万元。”潮州市湘桥区教育局副局长林桂茂更是道出了此次验收作弊的初衷。

大班额是教育均衡发展的一大难题，唯有实现了真正的均衡发展，才可以从根本上化解大班额难题。这是一个巨大的工程，需要做出科学的规划布置，投入大量的教育经费，完善各级各类各所学校的师资和设施设备。若能如此，实乃学生之幸，学校之福。问题是，用统一的标准去衡量不同地区的教育发展情况，适合吗？用“奖补”的办法去刺激和驱动，能如愿以偿吗？高额“奖补”会不会造就落后地区的教育雪上加霜呢？

需要形成一种常态化的验收机制。把指标体系发放下去，把“奖补”内容公布出来，把日期日程确定好，然后再组织相关的督导团队，按时按标准对区县教育发展情况进行考评。这种督导验收活动，看似合情合理，滴水不漏，事实上，因为缺少常态化的考评机制，这种验收活动依然存在着巨大的可协调空间，在政绩和利益的驱动下，很容易出现铤而走险而弄虚造假的现象。大班额这类指标，其实完全可以在常态化测评中进行，明察暗访就可以奏效。明的方面，可以把标准向全社会公开，设立举报电话；暗的方面，可以不定期地对相关区县的相关学校进行暗访，得出真实数据。对一切有可能造假的指标，完全可以放在常态化的测评中进行，从根本上杜绝一些弄虚作假的现象发生。

不管是否迎检，像城南小学很多班级多达六七十人，这不应该成为常态。对此，政府和教育部门都应该从实际情况出发，采取有效措施，着力化解大班额问题，从而促推教育真正均衡发展。心存侥幸，寄希望于造假，即便能够瞒过一时的检查，始终瞒不过群众的火眼金睛。此等现象的发生，也是当地政府没有真正重视教育的体现。应健全考评制度，加大造假成本，严格落实问责机制，促推各个部门高度重视并实事求是地开展“教育强区”工作。

考评结果的应用需要立足于当地教育发展的实情。既然是“教育强区”省级督导验收，那么验收的结果自然也要恰当地运用，该如何运用？锦上添花需要，雪中送炭更需要，最需要的是根据发展性评价结果恰如其分地进行奖惩。若能从发展性评价的角度，根据不同区县的实情，考评它们在规定时间内的教育发展，对考评优秀者给予适当的荣誉和创强资金的奖励，这种结果的运用是相对公平的，创强资金也能起到实实在在的效果。

“教育强区”省级督导验收，这是一种促推区县教育积极发展的好办法。然而，这种办法还需要进一步完善，标准的制定和测评的方式需要更加科学，要引起当地主管部门的足够重视，奖惩结果的运用需要立足于不同地区的教育发展实情，否则，验收作弊难以根除！

4. 铁锤砸痛的岂止是教师

2014 年 12 月，一则“上海女教师被男生用锤子敲头”的新闻在网络上广为流传。说的是上海某中学一名 17 岁的男生用一把长约 10 厘米的榔头，袭击他的英语教师。造成该教师头部 8 处伤口，颅底骨折，送医时该教师还有脑震荡且出现短暂失忆的症状。网络记者从有关部门获悉，涉事男生认为自己一直被这名英语教师批评侮辱。该男生后被刑拘。看罢新闻，很多人都摇头，感叹现在的学生真难教，就像一句俗语所说：豆腐掉到柴灰里——吹不得拍不得！

这虽然是一起个案，却暴露出我国当前教育的一些问题。我国是一个有几千年文化传承的泱泱大国，有很好的尊师重教的传统。从古至今，流传下数不胜数的尊师故事。“一日为师，终身为父”之言常挂在嘴边，可教师被学生伤害的事却经常见诸报端。

学生的铁锤砸下，让我们看到了一个剃光头、躺在病床上、头部裹满纱布的受伤教师形象。真让人揪心！我想，首先需要反思的是我们的教师。长期以来，很多教师还受“师道尊严”思想的影响，以师者、长辈的身份，居高临下的姿态出现在学生面前，除了上课外，平时很少抽出时间，与学生进行平等的对话交流。对学生在学习和生活中出现的这样那样的问题，不是先调查分析原因，然后做耐心细致的工作，而是简单粗暴地训斥一顿了事。这样下去师生常起冲突也就不足为怪了。一份专项调查表明：学生认为教师最重要的品质依次是：民主、公正、责任心、幽默、倾听、多才多艺。因此，坚持以人为本，建立民主、平等的师生关系，把学生看作身体正在发育、知识正在增长、性格正在形成的活生生的人，是我们每位教师必须时刻牢记的。同时，我们还应明白，教育不仅是知识的传授，教育是一棵树摇动另一棵树，一片云推动另一片云，一颗心唤醒另一颗心。正如苏霍姆林斯基所说：“请你任何时候都不要忘记，你面对的是儿童的极易受到伤害的、极其脆弱的心灵，学校里的学习不是毫无热情地把知识从一个头脑里装进另一个头脑里，而是师生之间每时每刻都在进行的心灵的接触。”

要走进学生的心灵，教师就要有爱心、耐心。“教育之没有情感，没有爱，如同池塘没有水一样。没有水，就不成其池塘，没有爱就没有教育。”这是《爱的教育》的译者夏丏尊先生，在20世纪20年代翻译此书时说过的话。英国教育家斯宾塞说：“教育者的全部奥秘就在于如何爱护学生，如果你讨厌学生，那么你的教育还没开始就已结束了。”有位学者说得更简洁而直白：教育无他，爱与榜样而已！教育过程中，对那些行为习惯不好、学习成绩暂时欠佳的学生，老师要“一碗水端平”，公平、公正地对待他们，不能“毕其功于一役”，要有足够的耐心，反复引导、唤醒、激励，使他们在学校里感受到自己的重要性，有尊严地生活。

铁锤砸痛的岂止是教师，它也砸痛了学校的神经。受各种因素的影响，有的学校把升学作为学校工作的唯一目标。学生在校的主要任务就是做题、考试，而他们在成长过程中的心理问题，很少有人顾及，于是高分低能、智商高情商低的人层出不穷。有的学校还赫然挂出这样的标语横幅——“增加一分，干掉千人”“只要学不死，就往死里学”。这样去引导学生，学校不出问题才怪！没有把学生当作人看待、当成人培养的教育，不仅扼杀了学生自由发展的个性、丰富的想象力和创造力，而且使一种具有暴力和专制倾向的暗示深深植入学生的灵魂，构成民主社会发展的威胁。学生的铁锤应该敲醒我们的学校，要把立德树人的教育目标落实到教育教学过程中。只有这样，教师受伤害的事故才不会重演，我们的教育工作才能健康发展。

5．莫让教育陷入焦虑的泥沼

有人说，改革开放30多年来，很多事情都已走样了，唯独一年一度的高考，在国人的心目中还是那么神圣。因为，无数普通家庭都将高考视为改变孩子和家庭命运的捷径。每年，接近千万考生走进高考考场。在民众的心目中，高考被赋予了“最公平的人才上升渠道”和“促进社会阶层流动”的期待。

于是，世界上最大规模的高考在年复一年地进行着。一个有子女参加高考的家庭，往往一年乃至三年甚至更长时间里都围绕孩子转，不惜倾囊而出，买各种营养品，买各科复习资料，请家教辅导功课。还出现了要求邻居“不能深夜冲马桶”，母亲被汽车撞倒，路人却劝女儿去参加考试等极端事件。父母乃至这个家庭中的所有成员都焦虑地等待着高考放榜的那一刻。

于是很多人就把升学率作为评价一所学校的唯一标准，只要升学率高，不管是通过什么方法、途径得来的，哪怕违背教育规律，他们并不在意。在一些人看来，中学教育最大的目的和价值在于高考。学校一切工作都要为高考让路，执教高三的教师和高三学生都享受学校特别待遇。校园里，不时挂出令人心惊肉跳、杀气腾腾的“励志”标语：“考过高富帅，战胜官二代”“生时何必久睡，死后自会长眠”……如此口号，不一而足。这是社会焦虑心理在学校里的强烈折射。

于是，政府为每年的高考精心准备着，在当今所有工作部门的协作中，围绕高考，各相关部门的协作是最好的。为了让一所学校的考生顺利参加考试，警车开道；一座城市的考点附近，哪怕是交通要道也要实行管制；全国7000多个考点，30多万个考场，数以亿计的工作人员在为这场考试服务。“高考压倒一切”成了一条不成文的规定。高考，已经凌驾于个人的健康、他人的利益、公共的秩序和伦理道德之上。

在关注中国教育现状的同时，我有意从网络上了解了世界上其他一些国家的高考。

比如法国。2012年的法国高考哲学题目，据悉分为文科卷、理科卷、经济社会科卷等。其中文科卷的题目为：1. 人们通过劳动获得了什么？2. 所有的信仰都与理性相悖吗？3. 解释斯宾诺莎《神学政治论》的一个节选段落。理科卷的题目为：1. 我们是否有追求真理的义务？2. 没有国家我们是否会更自由？3. 解释卢梭《爱弥儿》的一个节选段落。考生可以自选一道题目回答。网友们评论说：“独立的思想就是这样培养出来的。”

比如德国。其实德国没有统一的全国性高考，中学生只要拿到毕业证书即可申请大学。但是，要想申请到理想的大学，毕业证书上的成绩是关键因素。而要获得毕业证，必须参加各州的统考。统考形式多种多样，但有一个共同点，即通过记叙文或议论文的写作来考查学生的知识面、综合理解能力、观察问题的角度和文字水平。在这里，没有统一的答案，更无观点对错之分。如果你想拿到理想的分数，必须谈出自己独特的观点，甚至有些出格都没有关系。因此，思想是德国考试的灵魂，也是统考的侧重点。通过这样的考试方式倒逼学生在中学期间广泛阅读，通过阅读来理解作家的思想，通过对作家思想的思考来观察这一时期的文学及思想潮流，这种由微观向宏观的考查，培养了学生的综合素质，从而达到了素质教育的目的。更为重要的是，这种考查方式训练了学生主动思考和提出自己观点的能力。这种能力的培养为大学教育和今后的科研奠定了良好的基础。

反观中国，国人的非理性心态，在对待高考上体现得淋漓尽致，这使得中国教育陷入焦虑的泥沼。最可怕的现实是，我们深陷其中而习以为常，这对整个民族、国家都是灾难性的。

6. 当教育奔跑在功利主义的大路上

教育的目的是“使人成为人”。然而，放眼我们当下的教育现实，扑面而来的是浓厚的功利主义气息。具体表现为：

在教育目标上，重成才，轻成人。我们的教育目标实际上是很明确的，即培养“四有”新人。可是，受几千年传统思想影响，“望子成龙”仍然是家长梦寐以求的，加上追逐金钱和权力的社会风气，于是，寒窗苦读，成了万千学子的别无选择。“只要学不死，就往死里学”这样恐怖的口号就出现在我们的中学教室里，做题之外还是做题，读书之外还是读书，以为握有了这块“知识之砖”，就能敲开大学之门，就能铺就成功之路。在这种思想作祟下，学校教育和家庭教育中，没有了“要成才先成人”的基本之道，没有了正确的情感、态度与价值观的引导。这样做的结果是，培养出的所谓人才有知识无智慧，有目标无信仰，有规范无道德，有欲望无理想。

在教育内容上，重应试，轻素质。目前我国中小学阶段课程多，内容杂，教师在教学中偏重于教学生通过各种技能技巧掌握这些内容。在书店，各种应试书籍堆积如山，在课堂、课外辅导中，敬业的教师在苦口婆心地指导学生要这样答那样做。获得足量的知识，掌握一定的应试技能无可厚非，关键是如果我们一味强调知识和技能，而无视一个人在这个世界上赖以生存的素质，那只能说明我们的教育本末倒置了。

在教育行为上，重结果，轻过程。学习本来是一件快乐的事，学校应该是幸福的场所。现在在功利主义的背景下，一些学校忽视了儿童的存在。在单一的以分数作为评价指标的机制下，分分分，仍然是学生的命根！湖南省有一所名校，没有固定的行政班级，学校在一个学期里组织多次考试，每次考试后，根据学生的成绩组织班级，前50名为一个班级，51至100名为另一个班级，以此类推。一个学期下来，学生因成绩的波动要多次被分配到不同班级。这般折腾，完全违背教育规律，忽视学生作为生命个体的存在，无视学生在学习过程中的心灵感受和情感体验，完全置教育于功利主义的泥沼之中！

如此现状之下，从学校到家庭、从家长到学生都在功利主义的大路上奔跑着。这样的教育，以成人的意志控制着学生的生活，制造着学生不自然、不自由和不自主的认识，也制造着学生对教育逆反、厌恶甚至敌意的情绪。

在这样的教育下，学生被剥夺了充足的睡眠和游戏的权利，他们在日常生活中被过度呵护，在学习成长过程中背负过多的要求，他们的内心充斥着过度竞争的敌视与冷漠。

如果教育在功利主义的大路上奔跑，那么教育对学生而言不是一个获得的过程，而是一个失去的过程。一个人的童年期是各种可能性均完备的时期，可在当前教育环境下，成了最让人心疼、失落的时期。对儿童而言，感受比知识更重要，探索比记忆更重要。可现在的学校里，知识中心主义盛行，高效率地传授知识几乎成为学校的唯一追求。传授知识当然是学校工作的一个重要方面，但这种强调一点不计其余的做法，使得学生投身题海，追逐分数，他们的想象力、创造力在教育中被放逐。面对现实，不少有识之士发出了“保卫童年”“救救孩子”的呼声。是啊！为孩子的求知欲铺平道路比要求他们带着反感咽下他们还不能吸收的知识更重要。教育，应该使所有儿童走向幸福，而不是在死记硬背、功利主义的路上与教育的旨趣渐行渐远！

7. 如此教育，岂能以“民主”的名义

据报道：河南省洛阳市第十二中学一个叫豪豪（化名）的初一学生被学校强行劝退。事前，一名生物老师发起“民主投票”，要求全班学生在“不让老师继续教课”和“淘气学生豪豪退学”中二选一，结果，除了 8 名学生外，其他学生都投票“选”豪豪退学。

这种滥用“民主”形式侵害学生的事还真不是个例。仅仅是投票选举小偷近年就报道过两起，一起发生在安徽亳州（《人民日报》，2004 年 5 月 14 日），一起发生在河北唐山（《法律与生活》，2006 年 8 月）。2010 年 4 月 15 日，在班主任组织的一次所谓“民主测评”中，河南孟津西霞院初级中学 15 岁的花季少女小佳（化名）因不堪承受同学的投票结果“家长带回家教育一周”而投河自尽。据我所知，很多学校里也搞过这种“民主评议”。

国人似乎总是在该民主的地方不搞民主，很多地方却滥用民主。民主本质上是在查清事实、充分展示各方理由后根据多数意见做出价值选择。查清事实本身靠调查，靠利益对立的双方辩论质证。在事实不清的情况下根据多数意见认定，岂非瞎子摸象？

民主，简言之，就是“少数服从多数”，无论家庭还是学校、单位，凡遇到需表决的事，肯定是唯“民主”马首是瞻。别忘了，这里几乎所有的“民主”选择结果都是引导式的。比如针对小佳打架的“民主测评”，在“测评”之前班主任便已将其定性为“违反班纪班规”，这已明确表示小佳同学犯了错应该受惩，至于班主任给出的两个选择：留下看表现，家长带回家教育一周，很明显，班主任就是想让小佳走人回家。

比如，这次一名生物老师发起的“民主投票”，要求全班学生在“不让老师继续教课”和“淘气学生豪豪退学”中二选一，投票的结果可想而知，只不过为了体现“民主”，有必要再提供一种选择，不然怎么能叫“民主”呢？在教师的引导下，绝大多数同学当然会选择教师最倾向的那个结果了。

结合中国教育现实分析，会发现有很多无奈隐含其中：豪豪是个非常调皮的少年，他的存在已经影响到了老师的正常教学以及其他孩子的学习，而老师又没有驱逐学生的权力，所以他只能借助所谓“民主投票”。于是，本已激起“民愤”的豪豪就被他的同学们赶出了课堂。通过“民主投票”逼退处在义务教育阶段的学生，首先是个法律问题。从法规中找不出支持驱逐学生的根据，即使从传统与现代的教育思想中，也找不到支持驱逐学生的理由。所以，这次洛阳市教育局称该生（豪豪）因生病需要补考，“将积极和该生原就读学校老师联系并加强与家长的沟通，分析学生特点，组织团队教育，因材施教，我们也不会放弃任何学生”。

中国的中小学教师确实辛苦，一句“只有不会教的老师，没有教不好的学生”让很多教师处于被动、尴尬的地位。现实中有些孩子确实顽劣到招人憎恶憎恨的地步，但这些绝不能成为教师们舍弃“大义”的理由。什么是“大义”？就是基本的伦理。教育的基本伦理就是爱心，教育的最大功能就是帮助人成人！如果说教师体罚调皮学生属于“小节”，那么发动学生投票驱逐同学绝对属于有违大义。当教育以“民主”的名义，忽视基本的伦理，除伤害像豪豪这样的个人之外，还向全体同学传授了错误的民主价值观念，而这种错误观念很可能会误导学生一生。这样的教师，已经越过了一名合格教育工作者的底线；这样的教育，已经挤干了它的合理成分。

8. 遭遇功利围堵的教育

“十年树木，百年树人。”“再穷不能穷教育，再苦不能苦孩子。”行走在乡间，我们可以发现字体有些斑驳的宣传标语不时映入眼帘。是啊！“读书改变命运”这一观念千百年来已深入人心，多少家庭都把希望寄托在教育之上。

然而，在这个世俗而功利的社会中，教育这个本应该最少被功利浸染的领域也未能幸免。报载，黑龙江省肇东市姜家中学分校违规向初中学生收取练习册费、补课费、住宿费等多项费用，每位学生年缴费总计达 2000 多元。学生和家长在忍无可忍的情况下，到市纪委上访举报。学校负责人在得知纪委要来学校调查此事后，竟然连夜将各种课外书籍和练习册烧毁。

这一烧书的极端事件，虽然在当今教育界只是个例，但足以引起我们深思。

为什么会出现这种严重损害教育形象的事情？

一是教育投入的长期短缺。受经济困顿之扰，我们的政府这几十年来把主要精力放在了经济建设上。在以经济建设为中心的口号下，各级政府都把经济发展的指标看得最重，很多时候就以经济发展的指标来衡量一个地方的领导政绩，将其作为领导提拔任用的主要依据。而在一个法制尚未健全的社会里，行政成本又出奇的高，导致很多地方表面上看 GDP 上去了，财政收入也逐年增加，但还是摆脱不了“吃财政饭”的困境。而包括教育在内的社会事业的建设处于投入短缺的状态，很多地方除了预算出教师的基本工资外，其他经费很少安排，让教育部门自己想办法解决。学校负责人长期以来被这种现状困扰着，思来想去，最后就只有把算盘打到学生身上，于是，向学生多收书籍费、补课费等。教育乱收费，成为了近年来社会热议的话题，成为了每年全国“两会”最为关注的话题之一。这是教育的尴尬，更是政府的失职！

二是社会价值的严重变形。当今社会，心理失衡，价值失真，道德失范。人们看一个人成功与否，不是看他个人的道德情操对周围人的影响，不是看他对社会的贡献大小，而是看他的官位大小，看他的钱财多少。这种社会价值观的严重变形，已经渗透到社会的各个层面，教育岂能幸免？！其实，教育是最应该避免功利的领域，教师是最应该守住价值底线的群体。可教育没有桃花源，教师不是桃花源中人。面对现实，一部分教育管理者和教师的道德底线失守了，于是，种种严重损害教育形象的怪状便层出不穷。

三是教育本质的逐步失落。教育的本质是什么？就是教人求真、向善、尚美！就是陶行知说的“千教万教教人求真，千学万学学做真人”！“做真人”，道出了教育的全部内涵！可如今，生活中假的成分太多太多，整个社会弥漫着一股功利气息，很多时候做事必得金钱开道。这些现象自然会影响到教育领域，影响到教师，在功利的围堵之下，一些教师在课堂里引导学生做真人底气不足，说教苍白无力。

往深了说，黑龙江省肇东市姜家中学分校“焚书避责”事件，违反了教育伦理，它的背后是利益问题，而这又凸显了目前教育经费的不足和社会价值的扭曲。中小学教育是义务教育，是一项全民福利，对此国家还要大量补贴和投入，使其带有公共产品性质。一旦因经费等原因把公共资源商业化，将会使公共权利变成一具空壳，进而直接损害公民权益。一段时期以来，违规卖教材、乱收补课费用等乱象背后都有这种利益驱动的存在。这种遭遇功利围堵的情况如不扭转，教育便会脱离健康发展的轨道，不仅侵犯孩子受教育的权利，还会在其心灵深处埋下扭曲的种子。

辑 三

学校成功的内在机制

1. 编制“吃紧”，不妨创新

时下，中小学教师编制问题成为了各级教育行政部门热议的一个话题。面对“要人用”却“缺编制”的现状，不少市、县的教育局局长十分纠结。应该说，现在全国很多省（市、区）的基础教育领域确实存在缺人缺编的问题，但多数又是结构性问题。如：高中段、初中段、小学段教师编制数不成比例；在同一个学段，不同学科编制数不成比例；在广大农村中小学，还有相当多的学生需要住校，这就要有教辅、宿管、后勤等人员的编制，这种结构的失衡造成了总量的不足。如何在现有政策框架内解决好这一问题呢？

首先，应建立健全补充更新机制。根据中央有关文件精神，在省级政府的统一领导下，以地级市为单位，编制部门根据当地教育事业发展规模和学生数量，坚持标准比例，负责好教师编制的总量核定和宏观管理，给足教师编制，及时补充教师。特别是当前，要重点策应城镇化、城市化进程加快和教育体系本身的不断完善，解决好城区学校和公办幼儿园教师编制不足问题。同时，人事、编办和教育部门要紧密合作，对教师编制进行调配，打通教师调配通道，促进教师合理流动，实现教师资源重组优化。

其次，应加快完善区域统筹机制。目前，教师编制的一个难题就是县域内的教师资源没有很好统筹。每个教师的编制都是经过机构编制委员会办公室、人事部门批准才定在某个学校的。如果教师要调动，教育部门一家说了不算，这样，很大程度上阻碍了教师的合理流动。在这方面，山东省做了有益的探索。2015 年，山东省教育厅、省机构编制委员会办公室与省人力资源和社会保障厅出台了《关于推进中小学教师县管校聘管理改革的指导意见》，针对完善教职工编制管理、教职工岗位设置、中小学新任教师公开招聘等 7 项制度提出明确要求。根据要求，县（市、区）机构编制部门会同财政、教育行政部门定期核定教职工编制。对学生规模较小的村小、教学点，按照教职工与学生比例和教职工与班级比例相结合的方式核定教职工编制。教育行政部门在核定的编制总量内，按照不同情况将编制具体分配到各学校，保证专任教师“退补相当”。

再次，尝试实施动态调控机制。可以尝试建立地级市区域内基础教育教师编制的动态调配机制，由当地编制部门牵头，协同教育部门等做好教师编制调剂工作，在动态调控中综合考虑城乡教育、各学段教育和校际教育发展的差异，形成区域教师调配一盘棋的局面。山东省自 2015 年起进一步健全了县级中小学岗位设置动态调整机制，调整、完善中小学岗位结构比例，根据学校编制变动情况，及时调整岗位数量。在 2016 年的全国“两会”上，政协委员宋永忠认为，可通过实施“流动编制”教师聘用改革，破解农民工随迁子女就读难题。即在现有公办学校编制约束政策不变的前提下，支持流入地区政府和教育部门根据办学需要，招聘高质量的基础教育师资作为“流动编制”教师，实行同工同酬，他们与公办教师享受同等福利保障，同时具有充分的“流动性”；当公办学校教师缺编时，优先安排“流动编制”教师进编；当教师数量过剩时，这一部分教师则进入“地方师资储备库”，接受不同类型学校和不同岗位的调配统筹，以满足师资需求。

面对教师编制“吃紧”的现状，其实我们还有创新管理模式的空间，如实行教师走班制，让优秀教师和体艺类教师在区域学校间流动，利用信息化手段实施远程授课等，这些都有助于缓解缺人缺编问题。

2．学校成功的内在机制

学校成功的内在机制，在于构建一个高水平的教学研究和教学实施体系。

一、健全教研机制，为教学研究提供平台

一是进一步营造良好的教研环境。要大力加强学校学科教研组和备课组建设，借助校本教研这个舞台，积极营造团结向上、求真务实、严谨高效的校本教研氛围，推动校本教研活动向高层次、高水平、高质量发展；积极探索开放、多元、协作的校本教研新模式，形成互相关心、互相帮助、互相切磋、互相交流的教研组文化，使其成为充实自我、发展自我、成就事业、成就人生的学习型组织，促使教师可持续发展，进而促进学生可持续发展。

二是进一步完善立体式教研网络。要充分发挥教育学会及各专业委员会的作用，进一步完善以县级教研室（教科研中心）为中心，向各校教研处、各学科教研组、各年级备课组辐射的纵横交织的教研网络。各级学校要充分发挥优势学科、学术带头人的作用，引领本校的教学研究，并加强与兄弟学校的联系，建立校际结对研究制度，实现学校之间互相取长补短，共同提高。

三是进一步创新高效的教研形式。广大教师要充分利用互联网进行教学研究和教学探讨，通过建立 QQ 群、微信群和教师博客群，扩充教研伙伴，围绕共同关心的问题进行及时交流和研讨；各级学校要通过网络与省内外名校之间建立联系，开辟远程教研通道，实现校际资源共享；中小学教研员要利用网络及时向一线教师提供教学、教研前沿信息，推介先进经验、优秀论文、优秀课件、优秀课例、优秀理论讲座，通过互联网与教师开展即时互动研讨，提高教研效率。

二、加强教学研究，为有效教学提供依据

一是提高教研的针对性。学校要鼓励和引导教师针对本校教学实践中出现的实际问题开展教学研究，加强教学反思，要通过组织教研组（备课组）集体备课和专题研讨活动，推动教师之间交流对话、同伴互助，推动教师共同探讨新课程背景下的教学模式转换等问题。

二是明确教研的主攻方向。第一，加强新课程研究，深化课程改革，进一步促进学校内涵发展。第二，加强课堂教学研究，提高课堂教学效益，打造优质课堂。第三，加强考试和评价研究，对教学进行科学监控，保障教学改革的正确方向。要通过问题式、主题式、课题式集体备课，研讨教学设计、课堂实施和课后辅导等环节，集思广益，真正发挥集体研究的作用。

三、实施有效教学，为教学质量提供保障

首先，要在课堂教学的效能上求突破。课堂是教学主阵地，课堂的效率，取决于教师对教学对象的了解程度，对教学目标的明确程度，对教学内容和训练内容的精选程度，对学生感官、思维及情感的有效激发程度，取决于学生主体参与程度、知识内化程度。想要提高课堂效率，必须提高教学针对性、目标性，精选教学内容，优化教学手段和方法。要在各学科课堂教学中，倡导民主、开放、和谐的课堂文化，引导师生在平等、互助的气氛中交流对话，使有限的课堂得到充分的扩展。要用

生动的学科魅力、人格魅力影响学生、感染学生。要关注课外，关注学生课前的预习，关心学生课后的巩固，使课堂的目标得到完整的实现。

其次，要在学生的自主学习上求突破。学校要加强对学生自主学习的研究、指导和管理，重点帮助学生提高主动预习、主动参与、及时巩固、自我整理与复习、自我拓展提高、自我积累学习资源、自我反思和自我评价的能力，使学生真正成为学习的主人。

3. 队伍建设是学校发展的永恒主题

学校发展靠什么？当然靠好校长的引领。但一所学校仅有好的校长是远远不够的，它还必须有好的管理队伍和教师队伍。怎样建设好这两支队伍呢？

一是强化学校管理队伍建设。学校管理干部要树立正确的发展观，顺应形势，强化三种意识，促进学校内涵发展。第一是质量意识。教学质量是学校的生命线，是立校之本。学校管理干部特别是校长要真正静下心来，潜心研究教学管理工作，把主要精力投入教学；对各个年级、每一位教师的情况要做到了如指掌。第二是学习意识。要不断学习国内外先进的教育教学思想、教育教学管理理论，逐步形成适宜自己学校发展的办学理念；要善于学习成功的教育教学经验，并结合学校实际灵活运用，逐步形成自己的办学特色。第三是实干意识。教学质量是硬功夫，并非一蹴而就，需要常抓不懈；世人浮躁，学校管理干部不能浮躁，校长不能浮躁，抓教学是实任务，不能有丝毫浮躁，更不能急功近利，必须脚踏实地、求真务实。学校管理干部尤其是校长应既是管理的权威，更是教学的权威。最好的教育莫过于感染，最好的管理莫过于示范。学校管理干部应该以身作则，率先垂范，善于突出自身优势，在教育教学、教育科研、德育管理等方面抓出自己的特色；要认真查找在教学管理、教师队伍管理、学生管理中存在的盲点，做好预防工作，提高工作的针对性和实效性；要努力抓好切入点，以人为本，建立以教师为核心的工作思路和机制，努力创造条件，充分调动广大教师的工作积极性，注重教师的培养与培训，注重人文关怀，打造名师梯队。

二是强化学校师资队伍建设。师资队伍是教育发展的核心竞争力。在当前新的时期，要能够真正实现教学质量迈上新台阶，必须迅速提高教师专业化素养，建设一支师德高尚、业务精良的教师队伍。第一，要进一步加强师德建设。重新确立新时期教师的职业道德，树立“为了中华民族的复兴，为了每位学生的发展”而从教的崇高责任心、使命感和职业良心。广大教师要本着对学生终身负责的态度，认真备好每一节课，上好每一堂课，批阅好每一本作业，组织好每一次活动；设身处地为学生着想，更多地关爱学习有困难的学生，因材施教。第二，要进一步加强业务建设。以“学”为基本点，为教师的发展奠定基础。各校大力开展学习读书活动，大力营造读书学习的氛围，努力建设学习型组织。以“研”为成长点，为教师的发展构筑“脚手架”。各校教务处、教研处要通力协作，积极组织校本教研活动，学校要成为教学研究的中心、教师成长的基地。以“训”为拓展点，为教师的发展提供“攀缘”技术。一方面要进一步加大青年教师的培养力度，想方设法给青年教师创机会，压担子，每年开展一次课堂教学展评，一次教学论文展评，一次教学设计展评，一次课件制作展评，一次教研组主页展评，以此激发青年教师的活力，帮助他们开创事业发展的新局面，为其搭建专业成长的平台。另一方面要充分发挥包括特级教师、名师、名校长、学科带头人在内的优秀教育教学工作者的作用，以他们为依托，大力开展学校结对帮扶、干部挂职研修、好课展示观摩、教师交流互助活动，使广大青年教师学有榜样，行有楷模。第三，要进一步加强团队建设。倡导人与人之间少一些功利色彩，多一些互相尊重、互相关心、互相理解、互相帮助，多一些共同研讨、共同奋斗、共同进取、共同发展。有了这样一种人际环境，有了这样一种研修文化，才能有效促进教师的专业成长。

4. 构建充满活力的教师发展制度

百年大计，教育为本。教育大计，教师为本。一个地区、一所学校，只有教师不断发展，才会有学生的不断进步。若要教师持续发展，必须构建充满活力的教师发展制度。

一要树立以人为本的教师管理理念。以人为本，就是要重视教师的参与意识和创造意识，使教师的才能得到充分发挥，人性得到最完善的发展；就是要在学校事务中体现出教师主人翁的地位，让教师通过各种方式和渠道参与学校的管理。坚持以人为本，就要大力关心教师。一是要增强广大教师的荣誉感、使命感和责任感，尽力改善教师的工作、生活条件，使教师在工作岗位上有幸福感、成就感。二是要营造一个互相尊重的环境。领导应该将下属当作自己的朋友，注重感情投资，加强民主政治建设，营造一种互相尊重、平等相待的宽松心理氛围，使置身其间的教师有一种安全感，从而心情舒畅地工作。三是要通过联欢会、舞会、假日旅游、领导接待日、教代会等丰富多彩的活动，广开情感宣泄的渠道，广开言路，察纳雅言，虚心听取教师的意见和呼声，为广大教师提供参与学校管理的机会，促进良好人际关系的形成。

二要构建有活力的教师成长制度。一所学校的教师专业发展水平，并非只取决于教师的学历，更取决于教师成长的制度与机制。学校应引领并激励教师在自身成长中找到坐标，燃起自主发展的激情。当然，这些制度要富有活力和人情味。过于呆板的、缺乏人文关怀的制度，就像一根冷冰冰的绳子，只能让被管理者老老实实地服从、规规矩矩地做事。表面上，这种制度规范了人的行动，但可能会出现“制度规定的就执行，制度没有规定的就不执行”的情况。因此，学校在制定制度的过程中，要能够及时发现问题并适时加以调整，使制度在内容上“人情味”更浓，在设计上更能体现出广大教职工的切实需求。

三要努力营造团结和谐的工作氛围。内动力源于凝聚力，凝聚力源于团队精神。学校要善于营造团结、和谐的氛围，培养团队精神。在业余生活上，学校可以组织分散的年级组活动，也可以组织统一的学校活动，通过组织各种集体活动，激发所有教师参与的热情，让大家能够真切地感受到“众人划桨开大船”的乐趣和成就感，从而形成一个强大的团队。在专业生活上，各校要通过集体备课和研究来最大限度地发挥优秀教师及集体的作用，提升教师的凝聚力，促进教师专业成长。集体备课每所学校都实施了，但取得实效的很少，主要是没有真正发挥集体和研究的作用。各校要进行调整，改善集体研讨的方式，提高集体研讨的效益，让教师真正尝到甜头。

四要加大骨干教师队伍建设的力度。各学校要为骨干教师的成长和提高创造良好的氛围及条件，要严格要求，严格管理，切实保证骨干教师的应有水准，要充分发挥他们在教育教学中的骨干作用、示范作用、带头作用。学校要鼓励教师外出参加各种各样的培训活动。教师发展到一定阶段，不走出去，不和名师、名家接触，发展就缓慢，尤其是已具有较高水准的教师，更需要接触、领悟更高水平的教育实践。学校派教师外出培训，不仅是一种投资，而且是一种福利，是对教师的可持续发展负责，也是对学校的可持续发展负责。

另外，加强教师队伍建设，关心和支持教师，并不意味着单纯增加福利，更重要的是各校要加强教师的职业认同感和职业幸福感方面的教育，让教师端正对教育事业的态度，感受和体验职业的幸福，让教师将教书育人作为自己终身的追求和归宿。

5．教育科研与教师成长

科研的目的不仅仅是一篇篇发表的论文，不仅仅是一张张获奖证书，而是实实在在的教师发展和学生发展。教育科研要坚持以人为本，切实提高科研质效。

教育科研要采取有利于教师专业成长的形式，选择符合教师专业成长的内容，即“教、学、研、训”一体化。

学校要摆正教育科研的位置，不搞“官本教研”，不搞“门面教研”，要围绕学校、教师的需要实实在在地开展教研活动，解决教学中的实际问题，不贪大，要求实。要通过“临床式”研究活动，让教师在教中研，在研中学，在学习和研讨中展开培训，共同提高，使教研活动成为教师生活的自觉需要。

教学案例研究是一种有效的科研形式，它不仅将教师推到了教研活动主体的位置，充分调动了教师专业发展的主动精神，而且把教学研究和教师的日常教学实践及在职学习培养融为一体，逐渐成为教师的一种职业生活方式。

小课题研究是另一种有效的科研形式。它的理论要求不高，但很重视实用，研究目标直接指向怎样解决问题，其显著特征是“研究的问题来自课堂，研究的行为发生在课堂，研究的结果落实在课堂”。务实的小课题研究是最切合一线教师的科研形式，它能够让每一个教师真正参与其中，对课堂教学有很强的指导作用，研究成果有显著的推广价值。

教育科研的根本目的是全面提高教育质量，全面促进学生发展，只有以学生的发展为终极目的的科研才是真正的教育科研。除此之外的一切所谓教育研究都是“伪教研”，只能用来装点门面，并无实际价值。因此，开展教育科研，首先要纯化目的。讲求实效的教育科研要以促进学生的知识更新、能力长进、素质提高为着眼点、着力点、出发点和落脚点。不做无用功，不搞形式主义。其次要找准切入口。要以研究学生、课堂、教师、师生关系、教育方法和策略、教育资源以及学生成长环境为重点，探索现代社会的教育教学规律和青少年发展规律，解决教育实践中的现实问题，减少教育教学的盲目性和随意性，增强教育教学的针对性、科学性和有效性，使教育科研真正成为学校质量提高和内涵发展的有力支撑。

一、扎扎实实搞科研，不弄虚作假，不半途而废

学校开展教育科研的根本目的是提高教育教学质量，因此必须从教育教学面临的突出问题中选题，从日常的教育教学中选题，从成功的教育教学经验中选题，从教师自身课堂实战的矛盾冲突中选题。只有这样，才能生成先进的教育思想、精湛的教学艺术。

二、及时总结深化，不浅尝辄止，不结题止步

一是要加强资料的收集、整理和分析工作。课题资料是课题研究的原始材料，真实、准确、完整、系统的资料可以清晰地呈现课题研究的全过程，只有重视资料的分析研究，才有可能得出科学的结论。二是要加强总结和反思。教育科研主要是行动研究，只有对研究过程不断地进行总结、反思，才能使研究不断深化，不断趋于完善。另外，成果也需要总结，通过总结才能展现研究成果，突显成果的理论价值和实践价值，从而使其产生社会效益。三是要坚持不懈。课题研究是一项长期的工作，必须持之以恒，不断深入，绝不能浅尝辄止，否则就不能获得满

意的成果。特别是一些通过一段时间的研究，取得良好效果并顺利结题的课题，绝不能到此止步，如果深入研究，往往能获得重大的突破，取得骄人的成果。

三、大力宣传推广，促成果转化，重效益发挥

研究的目的全在于应用，再好的成果如果束之高阁，不应用于实际，除了评职称、捞荣誉、粉饰门面外，可以说毫无意义。在这个方面，教育局要积极为科研成果的推广和转化搭建好平台，各校要建立健全推广科研成果的有效机制，加大已有科研成果转化的力度。对有重大突破和应用性强的优秀科研成果及课题研究的成功经验，要通过召开现场会与研讨会等方式进行宣传推广，最大限度地提高科研效益，发挥教育科研的实效性。

教育科研是教育的生命，是学校进行教育改革，全面推进素质教育，提高教育教学质量的有效途径，是学校发展的基石，是学校长盛不衰的不竭动力，是兴校之宝。可以这样说，谁赢得教育科研，谁就赢得了高质量的教育。

6. 加强校本教研的实效性

随着课程改革的深入，校本教研的意义日益凸现。

首先，强化校本意识，充分认识校本教研的价值和意义。

校本教研有利于学校发展与办学理念的落实。各种基于学校教育的校外培训很难顾及各所学校不同的发展状况。只有学校组织校本化的研训活动，才可能有意识地围绕学校发展中的特殊问题和落实办学理念的具体问题来进行。

校本教研有利于教师的专业发展，打造学习型和研究型的教师队伍。校本教研是以问题为中心的，在解决问题的过程中，教师不仅是实践者，也是研究者。虽然有可能教师得出的结论不如专职研究者那么精辟、深刻，但它在实践中的作用不可低估，它所焕发出来的教师主动研究的精神会长期发挥作用。

校本教研有利于校内教研资源的开发和利用。校本教研的主战场是校内，这里可利用的资源是相当丰富的，每日每班教学中的问题，某班某个学生的问题，优秀的教师教学，甚至失败的教学，都是我们研究的资源。校本教研将促进教师读懂自己、学习他人、改造学校。

因此，我们要充分认识校本教研的价值和意义，站在发展学校特色、落实办学理念、打造教师队伍、实现学校可持续发展等高度来认识和推进校本教研。

其次，优化教研模式，认真抓好校本教研的组织和实施。

组织和实施校本教研，要抓好四个核心因素。一是抓好自我反思。从目前的情况看，教师普遍理解了反思的重要性，但并没有真正掌握反思的内容和技巧，各校要加强这方面的培训和研究，要从组织教师反思课堂教学、反思个人成长经历、反思学生成长过程、反思教育事件等方面入手来提高教师的反思能力。二是抓好同伴互助。要在学校培育团结协作的氛围，组织好集体备课，发挥骨干教师、学科带头人的带动作用，要通过“师带徒”“结对子”等方式发挥传、帮、带的作用。三是抓好专业引领。各校要发挥名师、骨干教师的专业引领作用。教研室要通过教学现场指导、送课下乡、研讨会等形式帮助一线教师发现与解决教学中的难点和困惑。四是抓好活动过程。每次教研活动都要精心策划，要有专人主研，要有研究专题，要保证全员参与。

实施校本教研，还要加强领导和管理。校长是校本教研的第一责任人，没有校长，就没有“校本”。只有校长高度重视校本教研，并认真组织实施，校本教研才能真正落到实处。校长要对校本教研做好总体规划、组织、保障和管理工作。教育局有关职能科室要加强对校本教研的支持和帮助，要加强工作的针对性和目的性，要带着问题下去，搜集问题上来，加强诊断和研究，切实帮助学校解决在校本教研中存在的问题。

优化教研模式，要探索充分发挥教研组和备课组作用的方法及途径。随着课程改革的深入发展，教研组一定要突破传统的活动模式，必须交流思想、分享经验、解除困惑、形成学习的氛围。为此，要加强课例研究，以课例为研究的样本，通过合作备课、听课、评课、研究、改进等一系列环节，使教师内化课改理念，真正优化教学行为。

优化教研模式，各校可以因地制宜地发展联片教研。现在一些学校规模较小，教师人数较少，这对学校教研的开展很不利。为此，各校可以联系周边学校共同举办教研活动，共同开发校本课程，共同开展校本培训，共享教育资源，实现教师的共同进步和学校的共同发展。

7．让教师的时间回归教育正途

“时间都去哪儿了？还没好好感受年轻就老了，教书育人一辈子，满脑子都是学生哭了笑了。时间都去哪儿了……”教师是不是真正把时间都留给了学生、留给了教学呢？怎样才能让教师的时间真正回归教育教学的正途？

前不久，从网站上看到一篇文章——《有一种奢望叫安静地教学》，详述了教师工作的纷繁复杂，甚至提到，偌大的中国，都摆不下一张安静的书桌。值得深思的是，生活总在自我与他人之间展开，教师的工作具有很强的时代性，不喜欢学习、没有时间学习的教师，又怎么去引领学生投入到学习中去呢？面对一张张如饥似渴的脸庞，我们的那些陈芝麻烂谷子还会是学生成长中所必需的“营养”吗？用昨天的知识教今天的学生去适应明天的生活，这是当代教师的一种尴尬，要彻底摆脱这种尴尬，教师必须有充足的时间留给自己，留给教育教学。

文件、通知、会议、检查、考核占去了教师们的大部分时间。看上去这些事情主要是由学校领导负责的，事实上每一项内容最终还是要靠教师们真正去落实，更为艰巨的是，不只是教育部门的相关要求，各级地方职能部门时不时还要为学校工作忙中添乱，而这些内容的完成质量，直接关系到学校领导的升迁任职，教师们必须全力以赴。一个检查通知下来，学校相关的教师就必须停下手中的一切，招待的，陪检的，做资料的，搞卫生的，忙布置的，应付问卷调查的，全民皆兵，偏偏这样的检查还不少，今天这个部门来检查，明天那个部门来调研，后天另外一个部门来验收，如此一来，教师们往往已经精疲力竭了。

不合常理的学校管理制度更是挤占了教师们的时间。教学常规管理制度越来越严厉，硬性规定学期教案要写多少篇，必须工整地详写，作业一周要批改多少次，听课多少节，上公开课多少节；还要写学科教学计划，各学科的培优计划，补差计划，进修计划，业务学习计划……现在的教师，远远不止每天上几节课那么简单，教师的学校兼职工作量也越来越大，教师的职能有着无尽的外延，一切关乎学生的事情，都成了教师的事情，一切关乎学校的事情，都必须是教师的事情。除课堂教学工作以外，教师们还需要做很多其他工作，如家访、谈心、组织校外活动等，这些需要在工作日之外完成。

安全工作利剑高悬，教师们的工作必须与学生的时间无缝链接。与学生一起起床，一起吃饭，一起做操，一起参加课间活动，晚上查完寝等学生们安静后才能回到自己的宿舍，在学校中，凡是有学生的地方都必须有教师，学生细微的安全隐患都将可能成为学校的重大事故。有些学校甚至要求教师们早晨去校门口迎接学生，傍晚到校门口护送学生，甚至连学生上下学途中都需要教师千叮咛万嘱咐。就连一些家庭问题和社会问题，最终还需要教师们去化解。

如何才能有效减轻教师的负担，让教师的时间真正回归教育教学的正途？

学校要有较大的办学自主权。《国家中长期教育改革和发展规划纲要(2010—2020 年)》(以下简称《纲要》) 指出：政府及其部门要树立服务意识，改进管理方式，完善管理制度，减少和规范对学校的行政审批事项，依法保障学校充分行使办学自主权。《纲要》明确了普通高中及中等职业学校在办学模式、育人方式、资源配置、人事管理、合作办学、服务社区等方面的自主权。若全国基础教育领域能够真正落实《纲要》精神，那么，目前这种“千校一面”的情况将会消失，百花齐放、特色分明的局面将不断呈现。当务之急，要给各级校长应有的办学权力。李斌在《把学校交出来》一书中指出：“学校应该属于专业化的校长、追求进步的教师与千差万别的学生。”办学的自主权是学校教育的生命力，把权力还给学校，让校长职务走向专业化，重视教师的继续教育，让教师能有充足的时间安静地学习，教师会有更多的时间思考教育、钻研教育，发展自我和成就学生。

学校有了办学自主权，校长走“从学生中来，到学生中去，一切为了学生，一切依靠学生”的“群众路线”，学校各部门的职能就能直接落实到学生身上：有面向学生的信箱，有面向学生的调研，有面向学生的举措，真正实现让学生站在学校教育的正中央！

8. 教育效果的显现只能来自爱心和智慧

常常听到体罚学生的事情发生，我以为可从社会背景和个人因素来分析。

当前，我国正处于一个价值失真、心理失衡、道德失范的时期。“无奈”在人们心里蛰伏着，成为了一种社会病。教师也是社会人，当然会或多或少地感染上这种病毒。于是，一部分教师的心理失衡了。用一种失衡的心态去看待生活和工作，不可能体验生活的愉悦和工作的乐趣。工作中将这种无奈情绪宣泄出来，就会使体罚学生的事情时有发生。

缺乏爱心。我们一部分教师没有把学生看作一个个身体正在发育、知识正在增长、情感正在丰富、世界观正在形成的生命个体，用简单的方法来处理教育教学工作中出现的问题。在这种没有爱的教育之下，教师给学生的印象往往是“没有耐心”，“情绪不稳定”，“过于严厉”，“粗暴不讲理”等，而这些学生从内心是不接纳的。如此下去，教师感受不到在教育活动中学生进步带来的愉悦，也感受不到在职业活动中自我发展带来的幸福。

没有智慧。教育智慧是教师在教育教学实践中，对其规律性的把握、创造性的驾驭，深刻洞悉、敏锐反应以及灵活机智应对的综合能力。怎样才能获得教育智慧呢？唯有不断学习，即向书本学习和向实践学习，才能时时体现出教育智慧。由于不肯学习，我们一部分教师面对繁重的教学任务和激烈的竞争，像是坠入了简单无聊、烦躁苦闷的深渊。他们动不动就大发雷霆，拿学生出气。正如教育家戈里曼所说：“授课者是些没有给自己找到职业乐趣的不幸的人，这是一件很糟糕的事，他们也使孩子们成了不幸的孩子。”这些教师对工作和生活的态度给学生的心灵投下了难以挥去的阴影。

在全社会倡导以人为本、和谐共生的今天，我们的教师在教育教学工作中要树立三种意识：一是儿童意识。儿童的本质特点在于童真、稚气、活泼、好奇、求知，我们不能按照大人的思维去强制儿童，使儿童教育“成人化”。二是学生意识。学生就好像花草树木趋向阳光一样有很强的向师性，做学生喜欢的教师，应该成为我们每一位教师的人生目标。三是生命意识。教师要有博大的情怀，善待每个学生。批评学生，也应该充满仁爱之心，绽放艺术之花——对自尊心强的只需和风细雨，对惰性十足的来点急风骤雨，对自我心重的引入商讨之泉，对自信心弱的多给掌声助威……中小学是人的发展的初始阶段，只是人生的序幕，“好戏”还在后头。我们在教育过程中唯有充满爱心和智慧，才能实现最佳的教育效果。

辑 四

教育发展，教师第一

1．我心目中的好教师

一次与一位做过10年教育局局长的老领导闲谈，他痛心疾首地说道：做局长这么多年，经他的手签发的表彰优秀教师的文件每年都有，退位后反思，那些在文件里被冠以“优秀”荣誉的教师有的根本谈不上优秀，甚至是不合格的教师。

他的话引发了我的思考，到底什么样的教师是好教师呢？

我以为好教师应该具备以下三点。

第一，能引导学生喜欢上你所教的学科。一位好教师应该对他所教的学科性质、整体内容做到心中有数。在课堂上，他应该让学生怀着探索的心去听课，让学生发现知识之间的联系和变化，从而获得学习的成就感；他应该像相声演员在表演时“丢包袱”一样，不断地解密、释放学科的魅力，以此深深地吸引学生，打动学生。只有让学生喜欢上你所教的这门学科，喜欢上你这位教师，教师的教和学生的学才会是愉快的、轻松的。如果教师自身因态度、素质等原因，不能很好地展现学科特点，学生视教师的每堂课为负担，久而久之，他们就会对你这位教师及所教学科失去热情与兴趣。教师与学生在这种很“隔”的氛围中教与学，彼此都是痛苦的，少有收获的。我们不妨假设这样一个情境：某一天，你走进教室对你的学生说，同学们，老师因事要请几天假，这几天就不能给大家上课了。如果你的学生当即说“老师，你回来后一定要给我们把课补上啊”，那么，恭喜你，你在学生心目中是一位好教师了！在你的引导下，你的学生喜欢上你和你的学科了。如果学生说“好啊！老师你走吧，我们解放了”，那作为教师的你就得好好反思了，你和你所教的学科还没有走进学生的世界啊！

第二，经常教一些课本以外的东西。作为教师，我们要竭力避免自己只停留在“匠师”“经师”的层面上，而要时时处处以“人师”的面貌出现。要少些匠气，多些匠心！教“课本以外的东西”，就是说要在引导学生学好文化知识之外，经常联系现实生活，教给学生为人处世的道理。我们常说，中小学阶段是基础教育。在这里，基础教育应该包含两个方面的内容：一是为学生打下文化科学知识的基础；二是为学生打下精神成长的基础。后者又比前者重要得多。现实中，我们往往重文化而轻精神，因而培养出来的学生被社会评价为“四有四无”，即有知识无智慧，有目标无信仰，有规范无道德，有欲望无理想。一名好教师，应该为学生的健康成长、全面发展负责，经常教给学生一些优秀做人、智慧做事的道理。

第三，对学生充满感情，对工作充满激情，对生活充满热情。先说对学生。教师最重要的是要目中有人！因为，学生是一个个知识不断增长、情感不断丰富、身体不断发育的生命个体，唯有把他们当“人”而不是容器，我们的教育才能发挥应有的作用，取得应有的效果。面对学生，要学会换位思考。正像一位教育专家所说的那样：假如我是孩子，假如是我的孩子……如此，我们在教育教学中才能有民主的态度、平等的理念。教育，才能真正是一棵树摇动另一棵树，一片云推动另一片云，一颗心唤醒另一颗心！再说对工作。目前，教师群体中存在较为普遍的职业倦怠，有的教师在教育教学中找不到工作的乐趣，每天只是在做着重复的事。这里有社会的因素，但作为教师，我们如果总是以应付的态度去对待工作，那我们的人生将是暗淡而乏味的。我们应时时以陶行知先生的诗激励自己——“人生天地间，各自有禀赋，为一大事来，做一大事去”，铭记教好书，育好人，这就是我们作为教师一生最大的事。在教育教学中，力所能及地为学生的成长营造一个快乐幸福的环境，对手上的“大事”始终充满激情，就会时时处处有创新、创造的火花迸发，就会在这种层出不穷的创造状态中品尝到工作带来的乐趣和幸福。最后说对生活。一位哲人说，生活是一面镜子，你对它笑，它也对你笑。如果我们总被生活中的烦恼纠缠，时常抱怨自己“大材小用”“英雄无用武之地”等等，我们只会自己消磨自己。面对这个世俗化、功利化日益严重的社会，我们既不能用显微镜，也不能用放大镜去观照，以免看到其丑恶而不能自已。我们还是要保持一份内心的宁静，一份生活的热情。相信吧！命运对每个人都是公平的，机会对每个人也是均等的，上帝关上一扇门的同时必然会为你打开一扇窗户。用这种心态去面对生活，就能走出每天的卑微、烦琐，走进一方新的天地。

到那时，你就真正做到了给点阳光就灿烂！

2．浅论教师应具备的知识素养

随着课改的逐步深入，目前一批批经验浮出水面。其中有一种现象值得思考，就是我们一部分教师在教学中强调学生自主、合作、探究学习，却忽视了教师自身的知识素养和知识传授。面对新课程，教师应具备金字塔式的知识素养。金字塔式的知识结构应该包括三个方面：(1) 通用性知识，即每一位教师都必须具备的文化基础知识；这是宝塔的底座，教师的这类知识应该是广博的。(2) 学科专业知识，这是教师从事具体学科教学所应有的知识；这是宝塔的中部，教师的这类知识应该是精深的。(3) 教育教学知识，这是宝塔的顶部，是教师的必备知识。

一、知识本身就是一种无形的教育影响力

1. 文化基础知识是教师不断学习和进步的基础

不管你是中学教师还是小学教师，对任教学科都必须具备相当程度的专门知识，而这些学科知识的学习必须以文化基础知识为基础，否则你无法钻研专门课程。特别是在小学，在学生眼里，教师所扮演的角色是“通才”，或者说是“全才”。小学教师应该是“上知天文，下懂地理”的人。至于中学教师，虽然采取分科教学，但是也经常开展跨学科的教研活动，特别是现在高考实行综合科目的考试，更是要求有关教师具备整合能力。因此，对学生而言，教师具有较广博的文化基础知识和深厚的文化背景，这本身就是一种无形的教育影响力。

2. 文化基础知识是教师完成教育教学任务的前提条件

随着社会进步和科技发展，中小学生的身心发展也必将加快。他们通过各种媒体获得的知识量将日益增多，对新知识的追求欲望也日益强烈。这就使得教育工作变得越来越复杂，做教师显得越来越难。教师只有拥有广博的文化基础知识，才能在教育教学过程中融会贯通、得心应手；才能有效地激发学生的求知欲望和学习兴趣；才能使自己的教育教学生机盎然、丰富多彩，给学生提供获取多方面知识的机会；才能促进学生全面发展和素质的全面提高，并及时充分地张扬学生的个性特长；才能把所教学科与其他学科有机地结合起来。

3. 教师应具有广博的文化基础知识

一是人文类知识。如哲学、社会学、人类学、经济学、政治学、伦理学、历史学、地理学等方面的知识。二是科技类知识。如一般的自然科学常识，文理学科交叉兼容的知识。三是工具类知识。如外语、数学、计算机、文献检索、应用文写作等方面的知识。四是艺体类知识。如体育、美育、卫生与保健、书法、音乐、舞蹈、戏剧、摄影、绘画、文学欣赏、影视评论等方面的知识。五是劳技类知识。如一般的劳动生产知识，现代工农业生产的基本原理等方面的知识。

二、精深的学科专业知识能让教师左右逢源

所谓“学科专业知识”，是指教师对任教学科应具备的相关知识。这种知识包括学科的体系框架、学科中各逻辑知识点的内容以及学科所需要的技能知识等。教师要圆满地完成教学任务，首先要精通所教学科的知识，对自己所教学科的全部内容有深入透彻的了解。

1. 要对学科的基础知识和技能有深刻的理解

熟练、准确地掌握每一个概念、原理以及其他知识细节，专业技

能和技巧要达到娴熟和自动化的程度。这一方面是由于不能把错误的知识和技能教给学生，另一方面主要是因为教师只有熟练地掌握了本学科的知识和技能，才可能有更多的时间去设计教学，在课堂上更多地关注教学进展和学生的学习情况，而不是把精力用于防止自己讲错、做错上。

2. 要了解和掌握与该学科相关的知识及背景材料

教师要给学生一杯水，自己就应该是一条潺潺不歇的小溪，这样才可以在教学中游刃有余、左右逢源，才能回答学生各种各样的问题。“只有当教师的知识视野比学校教学大纲宽广得无可比拟的时候，教师才能成为教育过程的真正的能手、艺术家和诗人。”也只有了解和掌握与该学科相关的知识及背景材料，你才可以与教授相关学科知识的教师在教学上协调一致，这也有利于综合课的教学。另外，还可以适当开阔学生的视野，培养其兴趣，激发其探索精神。

3. 要了解本学科的产生、发展历史及趋势

了解推动本学科发展的因素以及该学科对社会和人类发展的价值，了解该学科在人类生活实践中的具体表现形态。这样有利于教师在教学中揭示本学科知识和人类现实生活的关系，使科学知识具有人文价值，并且可以使学生把学科学习和日常生活联系起来，激发其发现问题、解决问题的动力，培养探索和创新的精神。

4. 要掌握本学科所提供的认识和探索自然或人类社会的方法，熟悉对本学科的发展做出较大贡献的著名人物

这样，可以从方法论指导学生进一步探索本学科的有关问题，培养学生的科学创新精神。如果你是语文教师，你就应该了解中国五千年的文明，三千年的文化，两千年的文学。从《诗》三百到《离骚》，从唐诗宋词到“四大名著”，我们都应认真通读并有自己的感知；对“上下

而求索”的屈原，对“不为五斗米折腰”的陶渊明，对“天子呼来不上船”的李白……我们都应体味其人格力量；对现当代在文学上做出重要贡献的“鲁、郭、茅、巴、老、曹”等，也必须了解其人其作品及影响。如果你是数学教师，你就应该对数学这门学科的基础性地位有较深的理解，“数学是思维的体操”，“数学是一切科学之母”。

总之，教师只有完整、系统、扎实、精深地掌握学科专业知识，才能在科学体系中把握自己讲授的内容，处理教材时才能做到通观全局，使知识在教学中不只是以符号的形式存在，以推理、结论的方式出现，而是能展示知识本身发展的无限性和生命力，将知识“活化”；才能教给学生掌握各种知识、技能的方法，发展学生的智能，举一反三，引导学生在学科知识的海洋中畅快地游弋；才能根据不同的教育对象选择有效的教学方法进行教学，在教学中真正实现科学精神和人文精神、理论和实践的统一，充分发挥学科知识全面育人的价值。

三、用专业的眼光审视自己的行为

教学中非常重要的一点是如何以学生最容易接受的方式把学科知识转达给学生。这就要求教师要有教育教学知识。教育教学知识主要是教育学和心理学知识，以及与之相关的分支学科知识。这些知识是教师进行具体的教育教学活动的理论基础，能帮助教师解决如何有效地教的问题。具体而言，教师必须具备以下教育教学知识。

1. 教育政策法规知识

党和国家制定了十分明确的教育方针和政策，每位教师都必须在教育实践中自觉执行国家的教育方针和路线，所以，教师们必须具有教育政策方面的知识，对我国的教育目标有十分清晰的认识。就目前而言，必须认真学习和掌握《中共中央、国务院关于深化教育改革全面推进素质教育的决定》等有关文件。

2. 新课程知识

新课程的基本价值取向是：为了每一个学生的发展。新课程各学科皆从知识与技能、过程与方法、情感态度与价值观三个方面确定课程目标。在这里，知识与技能是指一门学科中对学生最有价值的知识点。过程与方法是指对所选择的知识技能的反思、批判与运用。情感态度与价值观就一门学科而言是伴随着对该学科的知识技能的反思、批判与运用所实现的学生个性倾向性的提升。新课程的三维目标中首要的还是知识与技能，帮助学生夯实基础知识，帮助学生反思、体验、享受生活并提升、完善生活，这是新课程的基本追求。增进学校与社会的联系，增强学校生活的社会性，培养学生的实践能力、社会责任感和关心社会生活的态度，是新课程的目标、内容和实施过程中的重要特色。

3. 教学论知识

教学论是关于教师教和教师帮助学生学的理论与方法。教学论包括一般教学论和学科教学论。一般教学论包括教学原理、教学方法、教学技巧、教学评价等内容，这些知识是每一个教师都必须具备的，适用于所有的学科教学。学科教学论针对具体学科而展开，它具有学科的特性，如语文教学论只是讨论语文教学的问题。学科教学论是一位教师对某一教学科目有关“教什么”与“怎么教”的各种知能，包括该科课程目标与信念、教材结构、教材选择方法、教材内容的各种呈现方式、学生学习该科常见的困难与错误、该科特有的教学方法、传授某项内容的教学策略与技巧、该科特有的教学资源与教具运用、该科特有的教学评价方法等。

4. 心理咨询与辅导知识

教师除了自身实践和经验的积累外，还必须通过心理与辅导的相关课程学习而获得必需的知识，例如教育心理学、儿童发展、青少年心理学、辅导原理与技术、咨询理论与技术、特殊儿童心理与教育等。各种社会问题以及家庭问题都会在学校中体现和反映出来，教师除了传授学科知识外，还对学生的心理健康负有一定的责任。只有这样，教师才能真正成为学生全面、和谐发展的促进者。

5. 教育科研知识

教育科研就是运用科学的理论与方法，有意识、有目的、有计划地对教育对象和事实进行研究，旨在探索和认识教育教学的客观规律，改进教育教学，推动教育教学改革与发展。它是学校教育工作的重要组成部分，也是学校未来发展的潜在动因。从发展趋势看，教师必须具有从事教育教学研究的能力。首先必须具备有关科研的知识，在掌握知识的基础上，才能形成科研意识，获得科研方法，提高科研能力。

3．今天怎样做教师

与一些教育同人交流，他们面对瞬息万变的社会，有些无所适从，不知道怎么来做自己的本职工作了。我以为，可从以下四个方面着力：

一、牢记职责，增强职业的使命感

作为教师，我们的职责是育人教书。目前一句很时尚的口号是“办人民满意的教育”。仔细思量，这个口号还是带有很浓的媚俗与功利色彩的，办教育不能仅仅满足于让当下的人民满意，而要着眼于一个国家和民族的未来！陶行知说得好：“在教师手里操着幼年人的命运，便操着民族和人类的命运。”一个地方、一个国家要发展，最重要的资源不是自然资源，而是人力（人才）。人才是社会发展进步的引擎，一个地方的发展有无后劲，取决于这个地方的教育是否成功。基础教育为孩子的一生打基础，需要教育工作者有强烈的担当精神和教育使命感。今天的教育就是明天的希望，我们今天不能给孩子一个快乐的童年，也就不要奢望几十年后他们会给我们安详的晚年！只有不断地增强职业的使命感，我们才能抵御时时袭来的物质诱惑和职业倦怠，善待每一个孩子，因材施教，将他们从黑暗蒙昧引向光明幸福！

二、自觉学习，增强职业的认同感

在中国悠久而博大的文化瀚海里，我们享受着精华对我们工作、生活的滋养。但是，我们也常常不自觉地受到文化糟粕的影响。比如，“干一行怨一行”“这山望着那山高”的思想，影响着一代又一代人对当下职业的坚守。我们经常可以听到人们的感叹：外面的世界好精彩，我的世界好无奈；别人的职业好光鲜，我的职业好纠结。实际上，各行各业都不易，都有自己的难处。所以，我觉得是柠檬就要热爱自己的酸，是蜜糖就要喜欢自己的甜，而不能让柠檬喜欢蜜糖的甜，让蜜糖喜欢柠檬的酸。作为教师，我们对职业认同的最好体现就是自觉学习。在快速发展的信息时代，面对纷繁复杂的教育教学现状，只有不断学习、自觉学习，才能跟上步伐。校园里，只有教师以身作则、言传身教，每天手不释卷，孜孜以求，并经常和学生分享读书的快乐，学生才会有学习的兴趣，才会在学习中丰盈情感、彰显智慧。著名语文特级教师、杂文家吴非（王栋生）老师说：“在学校里，最可怕的是一群不读书、缺乏智慧的教师在辛勤地工作。”是啊！如果我们不遵循教育教学客观规律，不吸纳他人的育人智慧，一味只是凭自己的经验去教，那教育效果将大打折扣，有时还会南辕北辙。

三、努力工作，增强职业的成就感

教育工作不是工业，很多时候像农业。农业要丰收，需要天时、地利、人勤。一般情况下，人努力、天帮忙，好收成指日可待。作为教师，面对一群身体正在发育、知识正在增长、精神正在成长的孩子，我们要有爱心、有耐心、有方法。我们常说：十年树木，百年树人，可见教育是慢功，我们要学会等待。特别是对那些学困生、德困生，我们要认真查找他们“后进”的原因，努力探索解决问题的途径，尽力给他们以切实的帮助。我们要相信：每一个学生都有成为好学生的愿望。要让他们感受到教师期待的目光，要让他们感到自己在不断进步。我们要明白：学校不仅是传承知识的场所，更是培养学生精神气质的圣地。走进学校，不是为了走进一条课本知识的胡同，而是要走向一片追求真善美的广阔原野。我们要牢记：教育就是师生共同努力，追求幸福、寻找自我、飞越无限的过程。教育绝不是师生间劳务性的知识传递，而是一种精神的共勉与默契。我们坚信，学生的每一点进步会给教师带来莫大的心灵慰藉，增强教师职业的成就感。

四、乐于奉献，增强职业的自豪感

现实情况下，教师的政治地位和经济待遇都不高，与教师们的心理预期还存在很大差距。但育人的大事是不能等的，我们不能等到地位高了、待遇好了才认真工作、努力奉献，如果怀着这样的态度去工作，那可要耽误好多人啊！我们必须努力工作，做出成绩，在获得成就感的同时增强职业的自豪感。古希腊哲学家柏拉图说，一个民族中只有最优秀的公民才有资格当教师！我们就是这优秀群体中的一员啊！两千多年前的孟子更是说得明白，他说："君子有三乐，而王天下不与存焉。父母俱存，兄弟无故，一乐也；仰不愧于天，俯不怍于人，二乐也；得天下英才而教育之，三乐也。"只有我们做教师的才能体会出人生的三项乐事，而其他人最多只能体会出两项。有了这种职业自豪感，我们的心态就会很淡定，工作中，我们就会有使不完的劲，就会感到每天的太阳都是新的！

4. 教育发展，教师第一

教师是学校工作的主体，一所学校的成功除了在于有一位好校长外，还在于有一群好教师。如何打造一支高质量的教师队伍？我以为可以从三个方面着力：

一、精神引领

从现实情况来看，有相当多的教师对自己从事的职业不感兴趣，缺乏认同感、归属感、自豪感，把教书仅仅当作养家糊口的饭碗而已。有专家评述现在教师的生存状态：缺乏独立性和自主性，是一种受到多种外力支配和控制的压抑的人生；缺乏高贵精神支柱和高尚思想引导，是一种只受到功利性、利益关系制约的灰色的人生；缺乏进取精神和创造精神，是一种按固定的程式和模式操作的充满匠气的人生；缺乏坦诚交往和亲密合作，是一种只在自己的圈子里摸索的孤独的人生；缺乏情趣、乐趣和爱好，是一种只能搬弄和重复学科概念的乏味的人生；缺乏关心爱护和热情激励，是一种没有蓬勃的爱心的、冷漠的人生；缺乏大境界的召唤和生存智慧的指引，是一种没有从容的理性风度和品位的、卑微的人生。

如何引导教师从这种压抑、灰色、匠气、孤独、冷漠、乏味、卑微的人生中走出来，校长责任重大。学校的核心竞争优势是学校文化，构成学校文化的主体是学校的师资队伍，锻造一支竞争力强劲的师资队伍是校长的首要职责。校长应该有厚积累、宽胸怀、高眼界、大智慧。他应该是教师的精神领跑者，应该是教师的精神牧师。校长要关注教师的精神需求，努力创造条件，帮助他们获得成功。如满足青年教师的“发展需要”，满足中年教师的“成就需要”，满足老年教师的“尊重需要”。为每一位教师创造成功机会，帮助他们实现自我价值，消除“职业倦怠”，使他们始终保持良好的心态。校长要营造积极向上的学校文化，使校园成为师生成长的精神家园。在这样的精神家园里，我们能够看到学校隐含的主流价值观、态度和做事方式，看到学校的个性和特色所在；在这样的精神家园里，师生的生活质量得以提高，他们具有愉悦感、充实感、成就感。他们身心愉悦、心灵舒展，没有疲惫感与压抑感；他们内心充实，有丰富的精神生活，没有空虚感与无聊感；他们能够体验到成功的喜悦，感受到成长的快乐。校长是学校文化的引导者，教职工具有了共同的意识和价值观念，强烈的责任感和使命感，学校就具有了强大的发展原动力。

二、专业发展

随着新课程实验的不断深入，教师专业发展提到了议事日程。怎样实现教师的专业发展呢？总体要求是加强校本教研，提升教师的专业素养和能力。

校本教研是以研究的姿态解决课程改革中的问题，研究的内容着眼于课改中遇到的实际问题，研究的主题着眼于理论与实践的结合点，研究的重点放在教学方式和学习方式的转变上，研究的生长点在于促进学生发展和教师自我提升。个人反思、同伴互助、专家引领是校本教研的三个基本要求。各学校要通过校本教研，形成教师终身学习的氛围，构建学习共同体，使教师的工作、学习、研究、进修一体化，提高教师的职业品位。

校本教研重在“基于校本”。可以从三个方面落实：一是教师反思显性化，即记录教学片段，总结教学心得，交流教学经验，撰写教学案例和教学故事，撰写教学论文。二是同伴互助专题化，如案例教研活动、课例教研活动、专题式教研活动、小课题教研活动、答辩式评课、沙龙式研讨、创新式备课等。三是专家引领本土化，充分发挥特级教师、名师和本校骨干教师的才智，以本土典型引导更具激励性和说服力。

加强教研组建设，也是促进教师专业发展，落实校本教研的一项重要举措。目前，课堂教学效率不高，一个很重要的原因就是教师课前研究太少，而课前研究必须有学科带头人引领。现实情况是学校教研组往往形同虚设，教研组长不是真正意义上的教研活动组织者和领导者，而变成了工会活动的小组长，教研活动形式单调，内容空洞，效果不佳。因此，学校要配置好各学科教研组长，规模大一点的学校可以采取竞聘的形式聘任教研组长。同时，要赋予教研组长一定的责、权、利，让他们觉得有为且有味。

三、质量监控

充分利用评价机制，加强教学质量监控，也是提高教师素质，提升教育质量的有效手段。十多年前，汨罗教育有一条经验，那就是“秤杆子上见高低”，说的就是发挥评价在管理中的作用。目前，我国很多地区充分利用了教学质量评价机制，让教师们感到了压力与动力同在，机遇与挑战并存。要真正让所有教师都树立起质量意识，必须充分发挥质量监控的作用，将量化评价与模糊评价有机结合起来。

要加强区域性教学质量检测。有人怕提起考试就被认为是搞应试教育，就是搞“片追”。其实不然，考试是检测教师教学态度与水平的有效手段，素质教育不是不要考试，而是要研究如何考。通过一定形式的联考、调考，让学校领导明了本校在一个地区的位置，让教师明了本人的教学质量，未必不是好事。

5．浅谈市场经济氛围中的教师角色

振兴民族的希望在教育，振兴教育的希望在教师，这已经成为了全社会的共识。如何扮演好市场经济氛围中的教师角色，本人从以下三个方面谈谈看法。

一、看重自己

市场经济给中国大地带来了生机与活力，敢闯敢冒者层出不穷，红红火火者不计其数。在一些手持“苹果机”，背靠奔驰的“大款”面前，我们教师依然是一介布衣，两袖清风。于是，有的教师迷惑了，对自己所从事的事业的神圣性产生怀疑，对敬业奉献的人生价值观开始不满，表现为工作中无精打采，生活上自觉矮人一等。

俗话说：不怕别人看不起自己，就怕自己看不起自己。与那些披金戴银，出门有车迎送，进店一掷千金的人相比，我们在物质生活上是清苦些，但不能因此就自己看不起自己。恩格斯说过这样的话：人生的最高境界就是有所作为。法国教育家卢梭曾说：“有些职业是这样的高尚，以致一个人如果是为了金钱而从事这些职业的话，就不能不说他是不配这些职业的。军人所从事的，就是这样的职业；教师所从事的，就是这样的职业。”确实，当我们投入到知识的海洋里，与学生打成一片时，我们绝没有那种“穷得只剩下钱了”的悲叹。因为，我们时刻都在用自己的智慧引导学生走上成才之路。“但得群英德才备，捷报频传慰我心”，一位老教师在学生毕业晚会上用豪迈的诗句道出了千万教师的心声。

事实上，近年来“科教兴国”的战略已深入人心。古人云：“无农不稳，无工不富，无商不活。”今人在此话之后，郑重地加上了“无士不兴”，表明了对知识和知识分子的尊重。教师走出了“存货过多，削价处理”的尴尬境地，人们对名师、学者的尊敬推崇，并不亚于对待其他名人。有一段时间，教育改革家魏书生外出讲学，走到哪里，哪里就会掀起一股教改热潮。我们没有理由自暴自弃，让我们记住乌申斯基的话：“我们把子女的道德和心智托给教育者，把子女们的灵魂，同时也把我们祖国的未来托给了他们。”

二、注重学习

“谁要是自己还没有发展、培养和教育好，他就不能发展、培养和教育别人。”德国教育家第斯多惠这句话告诉我们：要想学生学好，教师必先好学。只有学而不厌的教师才能培养出学而不厌的学生。

学习的敌人是自己的满足。有的教师以为自己大学毕业，应付中小学教学绰绰有余，于是躺在文凭上睡大觉，一本教参成为自己的“护身符”，每天在讲台上照本宣科，人云亦云。

要想当好一名教师是不容易的，他必须具备三种基本素质：合理的知识体系，合理的智能结构，良好的见识能力。所谓合理的知识体系，是指不仅要具有他所任教学科的专业知识，而且还得具备与此相关的其他领域的背景知识。如果你是语文教师，你对政、史、地等人文知识及人们对它们的最新认识就不能一无所知；如果你是数学教师，你对理、化、生及人类对自然的最新发现也就不能不有所涉猎。所谓合理的智能结构，主要是指自学能力、观察能力、表达能力、组织管理能力、动手操作能力、创新思维能力等，而创新思维能力又是最为重要的。它不仅影响你所教学科的教学效果，而且影响你所教学生的发展前途。一个有创新思维能力的教师，总是能抓住目前尚未完全解决的课题，启发、引导学生最大限度地发挥创造性。所谓良好的见识能力，即运用知识和智能、把握事物发展方向、预测未来的综合认识能力。具体到教学中，不但要求你把“过去”“现在”说清楚，还要求你把“未来”引进课堂，让学生能认识到事物的发展方向。

要具备上述三种基本素质，教师必须认真钻研大纲和教材，把握教材中的重点和学生学习中的难点、疑点，积极探索各种教法和学法。同时，多向社会学习，多读“无字书”，练就一副教书育人的过硬本领。

三、尊重学生

据报道，社会学家对不同文化背景下的500名小学生进行了调查。调查结果表明：在很多小学生的心目中，教师原有的角色权威，正受到前所未有的挑战和冲击。在问卷中，设有“你为什么喜欢你所在的学校”和“你对学校有什么希望”等问题，学生选的最多的是“师生间比较民主平等”和“希望老师更民主平等”。这一结果表明：现阶段传统师生关系受到冲击，其特征是学生对建立民主平等师生关系的渴求。发生这些变化的主要原因是：近年来教育制度与社会经济发展的不适应；大众媒体的影响与作用；学生自我意识的日渐增强以及教师对自己角色承担的不当。因此，构建民主平等的师生关系，转变教师的传统角色心理和行为定式，已成为当今教育不可回避的现实。社会学家的调查再一次表明：尊重学生是教育成功的前提。

尊重学生不是迁就学生。学生在成长过程中总会出现这样那样的错误，都有各自的缺点，作为教师，我们不能熟视无睹，更不能姑息迁就，而应该巧妙地指出并要求他改正。

尊重学生要有坦诚、磊落的胸怀。一般说来，在学生做了错事之后不歧视、不侮辱他们，很多教师都做得到，但在学生面前勇于承认自己的不足和失误，欢迎和鼓励学生超过自己，就不那么容易了。教师如果能做到这一点，他的威望会与日俱增。

尊重学生要有切实、公正的行动。学生和教师一样，都有喜怒哀乐，都体验过失败的痛苦和胜利的欢乐，都希望教师能尊重他的人格和肯定他的劳动。一个成功的教师，总是善于运用夸奖的方法来激励他的学生成长。这种“夸奖”，是教师颔首于学生的一隅之见，是教师赞许学生的一技之长。它可以是一个肯定的手势，对一篇作文的褒奖，一次作业的展示……这种“夸奖”，可以强化学生的自信、自爱、自尊、自强的信念，可以塑造学生良好的行为习惯，可以完善学生的形象。在教师权威和学生对教师的信任感日渐失落，师生间冲突不断加深扩大的今天，坚持奖励原则尤为重要。尊重学生、奖掖学生，应成为教师的一种美德，一种使命。

总之，社会主义市场经济氛围中的教师应该是“手握创造思维金钥匙的指导者”。

6．教师带病工作精神可嘉，但不宜提倡

在全国上下喜迎教师节到来之际，一则“85后女教师不顾病痛坚持教学，被封为‘拼命三郎’”的消息在网络上广为传播。

这则消息的主人公是一名小学教师，她患有肾病综合征，身体水肿，但她仍然“拿上备课本和教材，大步走进教室”。她不想因自己生病而落下学生的功课，她只想给学生们的成长打下良好的基础。

看到这则消息，我想起了20世纪80年代初自己刚参加教育工作时的一件事。那时，整个社会公职人员（包括教师）的工资普遍偏低，大家都希望能加点工资。而当时加工资是有名额的，我所在的学校五十多个教师，一年分下来四个加工资的名额，而符合条件的教师有上十位，名额给谁呢？校长很是为难，后来征求了部分教师的意见，决定采用“自报公议”的办法。即让符合加工资条件的十位教师在教师大会上“述职”，实际上就是说明自己应该加工资的理由。我记得有两个都是四十多岁的教师的述职引起了教师们的议论。甲教师说，自己经常带病工作，没有因为自己患病而落下学生的功课，学生生了病他也立马将其送医院治疗。乙教师说，自己每天锻炼身体，还要求学生每天坚持锻炼，所以，不仅他自己身体好，精神饱满地上好了每一节课，而且他所带的班级学生个个身体健康，没有学生因病住院。最后，教师们自然把票投给了乙教师。大家认为，乙教师还是技高一等，学校应该提倡乙教师那样的做法。

现实生活中，患病仍然坚持工作的教师还真的不在少数。带病坚持工作应不应该提倡？在当今以人为本的时代背景下，上面这则故事的结

局实际上已经给出了答案。我以为精神可嘉，但是其行为不宜提倡。

教师难免有三病两痛，有了病，就应该去医院看医生，得到及时治疗和休息，不能不顾自己的身体而勉强工作。在以人为本的社会里，教师理应得到人文关怀。若置自己的身体而不顾，其后果不仅会让自己的身体雪上加霜，而且会伤害自己家庭的幸福，最终肯定会影响到教育工作的开展。

其实，治好病就是为了更好地工作。一段时间以来，我们在评先评优中，在各级各类师德报告会上，经常看到、听到这样的“事迹”：某某老师不顾自己患病，坚持工作，结果倒在了讲台上；某某老师不顾自己年幼多病的孩子，坚持做到不落下一节课；某某老师让自己年迈的父母躺在医院的病床上，自己毅然决然地走上讲台。诸如此类，不一而足。这样的事例，让我心里十分难受，你想，一个连自己都不爱惜，连亲人都不顾及的人，他会对其他人（包括学生）倾注他的真爱真情吗？我对此深表怀疑。

教师生病了，学校领导要给予应有的关心和照顾。校长应该明白：没有身心健康的教师，就很难有身心健康的学生。因此，在学校工作中要树立教师第一的理念，要看重每一位教师。在为他们提供良好的办公条件的同时，在督促他们专业发展的同时，要多到教师中间去走走，了解他们的诉求，帮助他们解决工作、生活上的困难，消解他们的职业倦怠。

对待教师带病工作的问题，媒体要理性，不要一味从师德这个视角去宣传带病工作的“高尚”，要从人性仁爱的角度引导教师珍爱自己，以便更好地工作。同时，社会也要对此表现出足够的理解和宽容，要让真正有病的教师得到及时治疗和休息，让他们能以更好的状态投入教育教学工作中。如此，教育才能得到良性发展。

7．谁来寻回教师的幸福

任何一项工作，只有对它充满感情，才能对它有认同感。任何一个人，只有对自己的工作有认同感，才能将这项工作做得有滋有味，从工作中获得归属感和幸福感。在功利的社会背景下，在浮躁的学校生态中，教师中的多数人，往往陷于平淡琐屑的事务，听得多的是教师对学校、学生的抱怨，还有教师之间的竞争压力和新课程带来的挑战。

谁来寻回教师的幸福？

寻回教师的幸福要靠政府。就是要落实“振兴民族的希望在教育，振兴教育的希望在教师”的口号。真正做到国民生产总值的4%用于教育，切实改善中小学的办学条件，让城乡学校教育资源逐步均衡。落实相关法规中对教师待遇的承诺，切实提高中小学教师的政治地位和经济待遇，让教师的工资真正意义上高于公务员。

寻回教师的幸福要靠社会。就是要营造“尊师重教”的氛围，克服对教育、对学校的短视行为和功利心理。要让学校、教师落实“因材施教”的原则，遵循人的成长规律去育人。全社会都要为未成年人的成长提供好的条件和环境，让孩子在快乐、幸福的氛围中长大成人。

寻回教师的幸福要靠学校。就是要让教师在工作中体验幸福，在创造中感悟幸福，在成就中提升幸福。学校应该成为教师实现个人价值、收获幸福的场所。优质教育应建立在师生共同的既善又好的生活之上。校长应该懂得：只有教师感受到生活充满希望、拥有幸福，工作是一种享受而非劳役，是自我实现的过程而非单纯的付出，教师才能创造出充满生命温暖的课堂，才可能为学生提供优质的教育服务。学校要树立

“教师为本”的理念，坚持制度化与人性化的有机结合，心理需求与物质需要的统筹兼顾。可以通过开展“温暖工程”，让教师职业有所享；通过塑造“师德信仰”，让教师追求有所归；通过构筑“专业成长”平台，让教师学习有所乐；通过评价机制的引领，让教师发展有所向；通过打造“幸福课堂”，让教师教学有所获；通过实施“人文管理”，让教师参与有所得；通过创建校园文化，让教师心灵有所依。学校要通过实施科研兴校战略，引导教师走上教育科研幸福之路。

寻回教师的幸福要靠教师。教师一定要明白这么一个道理：一切快乐都缘自职业的馈赠。因此，源头活水的充盈是快乐的，得心应手的教学是快乐的，教学质量的提升是快乐的，莘莘学子的进步是快乐的。教师要充分认识到：大浪淘沙、优胜劣汰是社会发展的必然趋势。只有正视现实、不断进取，才能真正拥有心理上的安全感以及职业上的幸福感。教师要有“农业心态、工业作风、商业头脑”。一位资深人士曾说过，教育更像农业。这就要求我们教师向农民学习，收成不好，从不抱怨庄稼，只为成功想办法，通过精耕细作来提高产量和质量。“工业作风”是指我们要向工人学习，讲究精益求精，优化育人的方式方法，讲求质量取胜。“商业头脑”是指我们要向市场学习，按规律办事，发挥主观能动性，讲求教学效益。

教师寻回了职业幸福，把这种幸福的感受传递给学生，培养学生健全的人格，这种正能量将影响学生的现在和未来，影响家庭和社会，从而对社会进步产生巨大的推动力。

8. 好老师让学生终身受益

1976 年，我在大围山下的白沙农业中学（现已撤销）读完了初中，准备继续在这所学校读高中。9 月初的一天，我们班迎来了一位新调来的老师。这位老师四十开外的样子，身材高大，衣着朴素但很整洁，一进教室开口说话，就把我们逗乐了："我叫朱桂香，光听这名字好多人以为我是个女的，可我是七尺男儿身哦！以后就教你们班的语文、地理，当班主任哩。"说完，老师先笑了。他的话，不紧不慢，我们这群山里的孩子一下就感知到：这是一位和蔼可亲的、教学有经验的老师。

后来接触多了，我了解到朱老师是江苏张家港市人，因为家庭出身不好，南京师范大学毕业后被分配到举目无亲的浏阳，先是在浏阳二中工作，"文革"开始后又因家庭成分问题被下放到张坊区小河公社教书。在小河工作七八年后，组织上看到他的家庭确实困难、生活不便，同意他回到妻子的所在地白沙工作。至此，他们夫妻才得以团圆，我们这群山里的孩子也就与他相遇了。

1976 年，当时"文革"还没有结束，学校仍然由贫下中农管理，实行"半工半读"，有文化的知识分子靠边站。看得出来，朱老师也是小心谨慎地工作和生活着，只好随着上级的安排而动。可他是一个极其负责的人，对"半读"非常认真。教我们的语文、地理，当班主任，他用那略带江浙口音的普通话，引领我们在知识的瀚海里遨游，在人生的征程中学步。他对"半工"也全力以赴。带领我们重新建起了白沙中学，带领我们上山砍杂木棒、捡南竹尾子卖给供销社，用勤工俭学的方式积攒路费，去安源、去韶山，让我们这群山里的孩子开阔眼界。

1977年冬天恢复了高考，全国上下兴起了读书考大学的热潮。我们这些从“文革”过来的农村孩子，基础差、视野窄，把通过高考上大学视为登天般的难事。朱老师没有放弃我们，课堂内外、早晨晚上，他走进我们中间，深情地向我们回忆起自己的大学生活，细心地向我们说起年轻人应该有的志气和信心。我至今记得，朱老师告诉我们，学好语文无他，要多读多写，可那时我们去哪里找读的书籍呢！他就将一首首唐诗宋词用毛笔抄写在旧报纸上，每天早晨将它们贴到教室的黑板边，我们在读完教材上的文章后，他就指导我们读这些诗词。这是我们非常喜欢的功课，因为我们除了领略诗词的意境外，还可以欣赏到他隽秀潇洒的毛笔字。朱老师告诉我们，学好地理就是要在脑子里形成一个完整的空间概念。怎样才能有这个空间概念呢，也无他，多读地图，多看地球仪。有一天早晨，他又带着两张旧报纸来到教室，向我们展开抄录的一首诗：“攻城不怕坚，攻书莫畏难。科学有险阻，苦战能过关。”我们立刻明白了，他是要用叶剑英元帅刚刚发表的这首诗激励我们。朱老师的言行真如春风化雨，滋润着我们的心田，让我们鼓起了理想的风帆。我们这群学生在他的鼓励下，废寝忘食、夜以继日地学习起来，他也把全部时间和精力都放在我们身上。为了尽可能地扩大我们的知识面，让我们这批学生成人成才，他不辞劳苦、不计报酬，一张简易的书桌，一盏昏黄的煤油灯，一块钢板，一支铁笔，他把一筒又一筒的蜡纸，变成一叠又一叠的知识呈现在我们面前。多少个夜晚，我们从睡梦中醒来，发现他的房里还亮着灯光。他真正做到了焚膏继晷、兀兀穷年啊！我们发现，才四十开外的朱老师，白发就飞上了双鬓。20世纪50年代毕业的一个大学生，因为各种原因，被发配到边远的山区任教，对他个人来说，是一件很不幸的事，但他没有怨天尤人、得过且过，而是把我们当作了他的孩子，在我们身上寄托着他的希望。朱老师不仅尽一切可能教给我们知识，教给我们学习的方法，还言传身教，告诉我们很多很多做人做事的道理，对我们这些山里的孩子来说，是一件多么幸运的事啊！

我们不仅遇到了一位博学的经师，而且遇到了人生路上的贵人、导师。正是因为有他这样的好老师的教诲，有他这样的贵人的指点，我和很多孩子终于能够走出大山。

20 世纪 80 年代初期，朱老师被求贤若渴的浏阳一中校长看中，调入浏阳的最高学府。来到一中，他算是找到了施展才华的大舞台，继而把毕生精力都奉献给了教育事业，为浏阳的教育做出了突出贡献。退休后，朱老师仍心系教育，心系学生，每次去看望他，他总念叨浏阳的教育，他总为浏阳一中和浏阳教育今天的成就感到无比欣慰；他牵挂最多的是教过的学生的工作和生活情况，他为自己能献身浏阳教育，教出一批批认真工作和生活的学生感到无比自豪。

有一首歌叫《长大后我就成了你》。我大学毕业后，也成了一名教师，来到浏阳市第十三中学这所离县城最远、条件最艰苦的学校。我立志要当一个像朱老师那样的老师。每当我情绪低落、有些倦怠、想对工作"偷工减料"、想对学生生气发火时，我就会想到朱老师，想到毕业时他在我的笔记本上留下的话："业精于勤荒于嬉，行成于思毁于随。"于是，我又拨亮煤油灯，打开书本、手执钢笔读起来、写起来。经过多年的努力，终于小有收获，在从教 20 年、不到 40 岁之时，我被评为了中学语文特级教师，出版了多部有关教育的专著。当我来到朱老师家里向他报告，感谢他时，我听到了他发自内心的爽朗的笑声和热情的鼓励。那一刻，我又一次感受到了朱老师的博大胸怀和人格魅力，体会到了一名教育工作者的人生价值。

辑 五

课堂是一个生命场

1．课堂上要突出学生立场

下校听课，一位语文教师上阅读课，课题是契诃夫的经典小说《变色龙》。教师个人素质优良，课前准备充分。课堂上，借助多媒体将教学流程清晰地展示出来，师生密切配合，教学环环相扣，教室里时而书声琅琅，时而议论纷纷，整堂课气氛比较活跃，看得出上课教师对这堂课比较满意。

评课时，同组的教师都谈了对这堂课的看法，大家认为这是一堂比较成功的课。

我首先肯定了这位教师的个人素质和辛勤劳动，然后，我提出了这么一个问题：按新课程理念，课堂教学要由“教”转变为“学”，即“以学定教”，这堂课做到了吗？授课教师以及所有评课人都陷入了沉思。大家回顾了整堂课的流程，在审视师生的言行中发现课堂上是教师牵着学生的鼻子（思维）走的，学生的主体性没有得到充分发挥，主动参与的程度不够。接着，我和教师们讨论，课堂上怎样体现学生的主体作用，如何突出学生立场。经过一番研讨，大家觉得今后课堂教学中教师应起到应有的作用，可从以下几个方面突出学生立场。

一是教师要自觉转变角色。新课程要求教师做“首席学习者”，这就是说教师在教学中首先应该以一个“学”者而不是“教”者的角色出现。课堂上与学生一起学习，并且时时成为学生学习的协助者、激励者和引导者。

二是教师要认真研究学情。学生是课堂的主体，学生的作为是课堂的焦点。课堂永远是一条流动的河流，理想的课堂应该因为学生的不同而不同。因此，作为“首席学习者”，你要仔细研究学生，研究他们的知识基础，研究他们的能力水平，研究他们的性格特征。只有充分了解学情，你在教育教学中才能做到有的放矢，才能做到因材施教。

三是教师要设计学习路径。教师在备课备教材的同时一定要备学生，在每一节课前，要有清晰的课堂学习路径，引导学生在课堂上互助互动，让课堂教学过程真正成为学生的学习活动过程。课堂上，要体现以问题为纽带，通过探究、合作来解决问题，让学生在轻松愉快的氛围中达成学习目标。

一次评课，几番琢磨，大家更深入地理解了新课程中的一些理念。

2. 留住易逝的好奇心

有一个故事：在剑桥大学，有一天，罗素问哲学家穆尔："谁是你最好的学生？"穆尔毫不犹豫地说："维特根斯坦。"

罗素不解地问："为什么？"

"因为，在我的所有学生中，只有他一个人在听我的课时，老是露出迷茫的神色，老是有一大堆问题。"

后来，维特根斯坦的名气超过了罗素。有人问："罗素为什么落伍了？"

维特根斯坦说："因为他没有问题了。"

在我们中小学的不少课堂里，经常会出现这样的现象：一番精心的讲解后，老师总是自觉不自觉地问学生：

"都明白了吗？"

"还有没有问题呀？"

当得到学生"明白了""没有问题了"的回答后，老师满心欢喜地宣布："下课。"然后满意地离开教室。

把一群活泼可爱的孩子教得沉默无语，让他们来到学校不久就失去了好奇心，这是我们绝大多数中小学校的教育现状。

好奇心是与生俱来的，是求知欲和创造力的发动机。儿童的好奇心是生命成长的内在冲动，但是这种好奇是珍贵而不稳定的。一些孩子的好奇心一开始就得到很好的鼓励和引导，在好奇心的驱使下，这些孩子常常产生强烈的探求欲望，表现出积极的情绪状态，对这个未知的世界，他们不停地观察、不停地提问、不停地思考，在这种情况下，他们的学习变得愉快而有效。

教育，就是要留住这珍贵而又易逝的好奇心！

在一个人生命的早期，好奇心是最强烈的。这个时候我们的家长要给予孩子充分的时间和自由，要像保护自己的眼睛一样保护好孩子的好奇心。

来到学校，教师的教育教学行为成为了影响学生好奇心发展的关键因素。

孩子刚进学校，对学校里的一切都充满好奇，面对这个新奇的世界，他们会提出千奇百怪的问题。这些问题也许与教师的教学毫无关系，也许会经常打断教师的正常教学，如果我们的教师对此表现出冷漠、不耐烦，有时甚至是讥笑、指责，久而久之，课堂安静了，孩子被你控制住了，他们却只得循规蹈矩地跟着教师走，他们不是去追求探究的愉悦感，而是去揣摩教师心里的标准答案。他们学会了接受，学会了言不由衷，学会了掩饰自己的内心，也许，他们成为了家长心目中的“好孩子”，教师心目中的“好学生”，但他们的好奇心、创造力逐渐丧失，成为了一群没有问题的人。最近读到一篇文章《“最不好教”的孩子最难得》，说的是来中国支教的南非教师尼尔，以一道同样的智力测试题检测中国孩子和美国孩子，最后得出结论：中国的孩子最好教，美国的孩子最不好教。这道题是：树上有 10 只鸟，开枪打死一只，还有几只？中国的孩子只有同一个答案：都吓跑了，一只也没有了。而美国的孩子不直接回答，他们以种种问题反问尼尔老师。有的说，打鸟犯法，这道题的真实性存在吗？有的说，是单棵树，还是多棵树？有的说，鸟儿都有听觉吗？都能飞吗？有的甚至说，“还有几只”是指剩在树上的、树下的还是周围空间的？孩子们的这些问题都关系到答案的准确程度。文章由此得出结论：“最好教”的孩子其实最难教。“最不好教”的孩子，由于他们爱发问、爱思考，并非“糟糕透了”，而是“最难得”。这个故事再一次向我们宣示：教育中没有问题是最大的问题。这些没有问题的孩子长大后走进社会，需要他们发挥创造力的时候，他们却发现自己被无形的绳索捆住了，已经没有创造力可言了。

这，不仅是一群孩子的悲哀！更是一个民族的不幸啊！

如果，我们每位老师都有穆尔的清醒和自觉，在日常教育教学活动中，愉快地接纳一个个孩子的好奇心，用爱去激活一个个对未来充满向往的可爱生命，我们就有理由相信：在不久的将来，我们能很好地解答“钱学森之问”。

3．课堂是一个生命场

传统的课堂教学，以教师认真讲，学生仔细听为主，学生的活动服务于教师的教学。教师是导演，是领队，学生是演员，是队员，教师指挥学生怎么做，怎么走，学生难以体会到自身探究的乐趣。

令人欣慰的是，随着课改的不断深入，课堂教学中见物不见人的状况有了很大程度的改变。广大教师在教育教学实践中越来越深刻地认识到：教育是人学。真正的教育必须立足“人本”，坚守“人性”，富有“人道”，尊重“人权”。基于这些认识，教育必须从儿童出发，“以儿童为本”，满足儿童的好奇心、展示欲和创造性。学生姓“学”名“生”，离开了“学”，就没有“生”，这里的“生”即“生长”，因学习而生长。课堂是师生的一个生命场，学习是师生生命的成长方式。

在这个生命场里，教师的角色具有三重意义：一是学校生态的建构者，是提供学习和生长条件的人。二是学习和生长的开发者。这里的“开发”，不仅仅是指开发教材、课程，更重要的是对学生潜能、思维、学习力等基本素质和能力的开发。对学习的开发，即敢于放手，让学生在经历中体验，在失败中矫正，在感悟中成长；对个体生长的开发，即允许学生“遵照自己的方式”去学习和生长，让每个学生“走自己的路”。三是信念的传播者。著名教育家叶圣陶说过：教育工作者的全部工作就是为人师表。教师就是要以自己的信念去影响学生的世界观、人生观和价值观。

在这个生命场里，学生因自主而发展。因此，学校必须因学生的“学”而非教师一味地教而存在。课堂必须是学生的课堂，必须把引导学生自主探究作为教学的根本出发点，把课堂上的时间、空间和主动权交还给学生。让“学习发生在学生身上”，让学生在学习的过程中去经历、去体验、去成长、去收获，让学生的这种入骨、入心、入脑的学习“带得走”，在将来的人生里“用得上”。一句话，就是要让学生真正成为学习的主人。

如果说教育是一项任务，那么教学则是一种手段，课堂是重要的载体，教师是具体完成这项任务的责任人。要完成好育人的任务，关键是教育者要做到目中有“人”（学生）而不是目中尽是“分数”。要树立相信学生、解放学生、发展学生的理念，要把研究学生当作教师的毕生课程。陶行知先生告诫我们：解放小孩子的头脑，解放小孩子的双手，解放小孩子的眼睛，解放小孩子的嘴，解放小孩子的空间，解放小孩子的时间。所以，我们要解放学生被禁锢的心智，解放学生被束缚的个性，让学生僵化的头脑能够异想天开，让学生萎缩的人格能够大放异彩，让课堂真正成为师生激情飞扬的生命场！

4. 倾听是教师的必备本领

受传统思维的影响，我们绝大多数教师都以能说会道的“讲”师形象出现。当然，能说会道应该是教师基本的能力，但教育教学中，如果教师只会一味地说，其教育效果肯定是要大打折扣的。面对一个个有血有肉、有情有爱的学生，教师要学会倾听！

要倾听好学生的心声，并不是一件容易的事情，它关系到我们的教师心中有没有爱，目中有没有人。

长期以来，在学校这个育人的场所，我们却忽视了“人”的存在！我们习惯性地把学生当作容器，教师常常以知识和道德的化身出现在学生这个群体中，动辄说教，不管学生是不是愿意听，这说教有没有实效。久而久之，学生学会了被动接受，学会了隐藏自己的真实想法，学会了关闭心灵之门。

于是，课堂上经常有这样的交流：

当讲解完一段教材内容后，教师总是习惯性地问学生：“听懂了吗？”学生只得点头，其实还不懂或不太懂；教师总会问：“记住了吗？”学生也会点头，其实并没有记住；接下来，教师还会问：“是这样吗？”学生也是点头，其实学生心里自有不同的看法和意见；最后，教师总是这样问学生：“没问题了吧？”学生还是点头，其实问题依然存在。

为什么我们的课堂会频频出现这样虚假的交流情况呢？关键是教师目中无“人”（学生），在教育教学中没有确立学生的主体地位。不懂得真诚的交流、沟通是教育教学成功的前提，没有认识到学会倾听是一门教育艺术！

学会倾听，要求教师消除急躁的情绪和功利的思想，怀着关爱生命的意识去倾听学生的心声；俯下身子，安静地倾听学生的诉求。这能让学生具有平等意识，给学生一种真实感和安全感，这样，学生才愿意说出他们内心的真实感受，教师才能真切地听出学生言语中的真意、深意和诗意。

学会倾听，要求教师经常换位思考。目前，教师与学生的交流中存在许多问题，很多时候看起来是学生“不懂事”，其实更多的是教师没有换位思考，没有根据学生的实际情况来设计教育教学情境。只有教师了解了学生的真实想法，倾听了学生的真实诉求，教育教学中的很多问题才能迎刃而解。

苏霍姆林斯基说得好：“不了解孩子——不了解他们的智力发展，他们的思维、兴趣、爱好、才能、禀赋、倾向等，就谈不上教育。”学会倾听，是教师了解学生的主要途径，也是教师的一项必备本领。通过倾听，教师与学生情相通，意相合，心心相印，如此，教与学就能实现“心有灵犀一点通”！

5．课堂教学的境界

什么样的课是好课？什么样的课堂教学才能说达到了一种境界呢？这是每一个教师都非常关注的事情，在这个问题上，可谓见仁见智。我以为，课堂教学应该达到这样的境界。

一是心灵互动。心灵互动的课堂是指在教育教学活动中教师和学生相互尊重、相互理解、相互信任，通过对话、沟通、交往、合作等多种途径和方式，促进师生双方敞开心扉、共享思想，实现情感共鸣，最终达到共同成长。课堂教学中要做到心灵互动，首先要有平等的意识。这里说的平等，既是人格、地位的平等，也是学习、质疑等各种权利的平等。学生充分感受到与教师在各方面是平等的，并敢于在与教师的交流互动中真实地表达自己的情感、观点。其次是真诚的态度。师生双方在交流互动中真诚相待，畅所欲言，就能把真情实感充分展示出来，实现深度心理互动。最后是欣赏的目光。教师和学生都知道，每个人每天都是带着自己独特的生活经历和人生体验走进学校、走进教室的，理解、尊重和欣赏别人的经验及观点非常重要。因此，教师和学生在学校里、在课堂上对独特的、新颖的见解和思想，应投以欣赏的目光，而不是将之视为“异端”“另类”加以嘲笑讥讽。

二是举重若轻。这最能看出教师的内在功底和处理教材的能力。这里的“重”，是指教师本人的文化储备和教材固有的文化内涵；“轻”则是指上课时能够做到深入浅出。要达到举重若轻的境界，关键在于课前的准备，这就要求教师不断地读书，不断地反思，这种准备需要教师付出毕生的时间和精力。具体到每次备课，教师应该尽可能地深入钻研教材，挖掘其中的精神内核，感悟其深刻厚重的文化内涵。课堂上，教师要尽可能尊重学生的认知水平和能力基础，在教材与学生之间架起一座桥梁，让学生轻松而自主地了解、感悟教材内容。

三是行云流水。行云流水是指教师驾驭课堂的艺术。在课堂上，教师对教学环节、教学流程、教学节奏等胸有成竹、调控自如。许多时候，他的课堂让人觉得是那么的随意，可又环环相扣、节奏有致。特别是课堂上有时候会出现一些“突发情况”，教师能够即兴发挥他的教育机智，将“突发情况”处理得恰到好处。同时，教学流程随课堂的具体情况而自然推进，教师的“教”与学生的“学”融为一体，师生都不知不觉地走进对方的心灵，走进教材的深处。

课堂重在有情，贵在有思，情和思的交融是课堂教学追求的最高境界。

6．追寻教学的意蕴

目前，有效教学、高效课堂之类的名词充斥各类教育教学报刊。各种课型、各类模式，被探究出来，一些不加分辨的学习者趋之若鹜。这些“模式”，对提高学生的学业成绩或多或少是有帮助的。但如果我们仅满足于学生的学业成绩，我们的教育目标是没有完成好的，因为我们没有去追寻教学的深意。

任何一项实践活动，都蕴含着丰富的意义。那么教学的深意何在呢?

我以为，教学因促进学生的意义生存而具有意义，它是师生基于文本和多元、多边活动，建立意义场域的过程。它有三个层面的意蕴。

一是了解本学科知识。这是最低层次的教学意蕴，即教师通过启发引导，让一个班的学生都能基本理解新的知识。布鲁纳认为：“不论我们选教什么学科，务必使学生理解该学科的基本结构。”唯其如此，才有助于学生由此及彼、举一反三地解决课外遇到的一些问题。

二是良好的情感体验。对教育的真谛有认识的教师不会止步于让学生获得学科知识，他们知道，知识的获得必须伴有情感的投入，这样的知识才会有温度、有生命。学生在这种情境中获得的不仅是知识，还有对生活的态度、对生命的理解，于是对学习产生强烈的动力。

三是师生精神生命的涌动。有意义的教学是启智的、审美的、舒展心灵的，是师生思想、精神、信念、意志乃至感觉、思维、想象的充分体现，是师生个性张扬、灵性舒展，真正展示自我、释放自我的过程。课堂上，在教师的引领下，几十个鲜活的生命在思想的原野上驰骋，在精神的海洋里遨游。他们或是增加了知识量，或是提升了能力水平，特别是获得了良好的、积极的情感体验。通过这样持续的有意义的教学活动，他们对学习活动更感兴趣，目标更为明确。他们在体验一堂堂课、一次次生命历程后有所感、有所思、有所悟、有所获。这样的教学活动，挖掘了沉睡在学生潜意识里的思维能力，激发出潜藏在他们内心深处的精神价值，让教室真正成为了唤醒灵魂、感召精神、滋润心田的场所。

7．与教师谈观课、议课

我以为，新课程背景下，教师在课堂上一定要凸现儿童立场：从儿童的视角来看教师的教学设计以及课堂中的作为。唯有以学论教才能体现当代教育的精神。

儿童立场体现在面向全体。平时我们常常听到“以人为本”“面向全体”的话语，但实际教学中，我们的教师自觉不自觉地把注意力集中在他眼中的“优生”身上。我曾经听过一堂课，上课教师 7 次请一位学生起来回答问题，而他整个课时提问就 20 次，这 20 次提问被 4 位同学瓜分了，全班其他 50 位同学只好静坐恭听了，他们成了“沉默的大多数”，“面向全体”成了一句空话。听完课后，我与上课教师交流，指出他只重少数忽视大多数的问题，并且指出：一堂课，一位学生回答问题的次数不能超过 3 次。若这个学生举手不止，教师可以通过表扬的形式（如：你今天表现不错，回答问题积极，但老师要把机会留给那些今天还没有回答问题的同学）处理这一问题，我想，这样是不会挫伤学生的积极性的。若教师没有意识到这一问题，久而久之，就将有一批学生被落下。

儿童立场体现在以学定教。以学定教，这是新课程倡导的理念，课堂教学中要落实以学定教，教师必须充分了解、掌握学情，从学生的学识基础、个性特点出发去设计教学，确定学习目标、学习内容和学习路径。唯有从学生的现有水平出发，你的教学才会针对性强，效率高。

儿童立场体现在先学后教。信息社会里，儿童不再是一张白纸，他们通过很多途径，如电脑、电视、手机、他人口中了解到许多知识。课堂上，如果我们教师不贯彻学为主体的原则，不顾学生的诉求，一上来就填鸭式灌输，是不可能取得好的效果的。要让学生在已有知识与经验的基础上自觉学习、自主学习，不懂的地方再与其他同学讨论交流，若仍然不能解决再交给教师，由教师来启发、唤醒，这样学生就能保持高昂的学习兴趣。

儿童立场还体现在能学不教。前面说过，课本上有些知识，学生通过其他途径已经了解、掌握了，教师就没有必要去浪费学习时间，可以对课本做适当延伸，让学生了解某一项知识的来龙去脉。

以上是说如何去观课。那么，怎么去评议一堂课呢？

我认为要突出“准”“趣”“情”“新”四字。

“准”：是指执教者的教学目标要定准，教学中对重点、难点的把握要准；若是语言（语文、英语）学科的教学，执教者的言语发音要准确。

“趣”：是说执教者在课堂中要能激发学生的学习兴趣，课堂教学趣味盎然；另外，语言要风趣幽默。

“情”：是指执教者在课堂上与学生的交流要给人暖暖的感觉，有真情的传递，能让学生体验情感、态度与价值观。

“新”：不仅指执教者的教学设计要有创新，而且在课堂上要不被事先的预设囿住，能够自如地面对课堂中出现的意外和生成性问题。

当然，教师在课堂上不可能有尽善尽美的表现。我以为，只要有儿童立场，时时让人感觉到他在为儿童的知识获取、习惯养成、精神成长着力，即使教学过程还有值得推敲之处，也应该给予充分肯定。

8. 老师，请关注课堂中的“边远地区”

下乡听课多了，发现一种普遍现象，就是在教学中，特别是师生互动时（问答时），老师比较关注的是自己周边的学生，而对离老师较远的“边远地区”的学生却较少关注。这种情况值得我们注意。前两天到一所小学听课，有一堂课较好地发挥了学生的主动性，学生的学习随老师的引导而展开，课堂气氛活跃。我发现，一节课下来，老师多次在一、二、三组行间走动，却很少走到四、五组，甚至整堂课都未光顾六组。而实际上，举手的学生各组都有，而老师对一、二、三组的学生情有独钟。我粗略做了一下现场统计：老师叫一个学生发言多达五次，发言四次的有三个同学，五、六组的同学也多次举手，就是得不到发言机会。课进入到下半场，五、六组的同学眼看举手无效，表达无望，逐渐沉默起来，有的自己俯身在读教材，有的与同桌窃窃私语，有的东张西望，都不太注意老师的表现了。

下课了，我与旁边的同人交流，谈到这一现象，同人谈道，他也经常碰到这类情况，也曾向老师提出过，但效果不佳，好像关注自己身旁的学生，忽视“边远地区”的学生已经成为了很多老师的一种习惯。

这种习惯非改不可啊!

长此以往，“边远地区”的学生享受不到这种课堂“均衡”，他们心理上将产生极大的落差，在这场课堂“接力赛”中，“边远地区”的学生将逐渐对老师失去敬意，对学习失去兴趣。渐渐地，他们将被落下，慢慢成为“差生”。

“差生”是怎么炼成的？他们往往在老师自觉不自觉的“忽略”中

开始掉队，慢慢在心里滋生自暴自弃的念头，而老师却全然不知，这实在是一件令人痛心的事。

我们常常在各种场合大谈“面向全体”，其实，小到课堂，这方面是落实得不好的。要知道，在学校生活中，每一个孩子都希望得到大人（老师）的关注，若老师长时间不关注“边远地区”的学生和那些不喜欢主动发言的学生，“面向全体，共同成长”将成为一句空话。我曾在公共汽车上与一个司机交流，这位大哥一谈到初中的英语教师就来气，我问为什么，他愤愤地说：“初中三年级她没有叫我回答过一次问题，我讨厌她，讨厌英语。”

学生往往走出校门后才敢说出这一真相，可见，我们不能忽视课堂中的每个学生，特别是离老师距离远些的“边远地区”的学生。

辑 六

读书是教育之母

1．让师生享受阅读

下校检查工作，我都要到学校图书馆（图书室）去看看，当看到大批的图书躺在书架上少有人问津时，我总劝学校领导把书搬到教室里去，让学生常常有机会接触课外书。我经常用当今著名教育专家朱永新的话来告诫大家："一个人的精神发育史就是他的阅读史。"现在的很多学生，做题多，阅读少，久而久之，成为了知识的巨人、精神的侏儒，这样的人不是我们想要培养的全面发展、和谐发展的人。

我特别看重我国教育宝典中"身教重于言教"这句话，因此，本文主要谈谈教师的阅读。

我接触过很多教师，当我奉劝他们多读点书时，他们向我抱怨：哪有时间啊！在学校里，忙着备课、上课、批改作业、辅导学生，回到家里，要忙家务，照顾老小，每天都身心疲惫呢！这，确实是当今中小学教师生活的真实写照。但，是否真的没有读书时间呢？实际上，这是一部分教师还没有阅读的内在动力，没有享受到阅读带来的乐趣之故。

苏霍姆林斯基说："每天不间断地读书，跟书籍结下终生的友谊。潺潺小溪，每日不断，注入思想的大河。读书不是为了应付明天的课，而是出自内心的需要和对知识的渴求。如果你想有更多的空闲时间，不至于把备课变成单调乏味地死抠教科书，那就要读学术著作。应当在你所教的那门科学领域里，使学校教科书里包含的那点科学基础知识，对你来说只不过是入门的常识。在你的科学知识的大海里，你所教给学生的教科书里的那点基础知识，应当只是沧海一粟。一些优秀教师的教育技巧的提高，正是由于他们持之以恒地读书。"一位教育名家也曾这样说过：读什么书，读了多少书，从书里读出了什么，是衡量一位教师是否优秀的潜规则。可见，一位好教师除了要有纯粹的爱心、高超的教育技术外，还有要阅读的习惯。

中小学教师每天要做的事情确实很多，但如果认识到了读书对自己的人生和专业成长的重要意义，有了阅读的内在动力，他就会合理安排时间，不去纠缠于日常教育教学的琐屑，有计划、有重点地阅读。如此持之以恒，他就能从中找到阅读的乐趣，让阅读成为一种生活态度，知识的丰实与内心的丰盈能让他体会出教育事业的自豪感和成就感。

由此看来，教师阅读不是一件可有可无的事，它将成为教师专业成长的源头活水。普通教师与名师的区别在于能否坚持阅读，享受阅读。只有坚持读书，才能拥有深厚的文化底蕴，才能厚积薄发，讲起课来底气十足，轻松自如。因为，课堂教学，最终是比心胸，比人格，比文化的宽度、高度、深度，比开悟的程度。一个只读教材、教参的教师无论如何是不可能成为优秀教师的，教育教学中的问题不是用一两本书就能解决的，它需要经验积累，更需要理论支撑。真正的名师无不是忙里偷闲不断阅读的。著名杂文家、特级教师吴非，是教师读书的积极倡导者和实践者，他说："如果不读一些书，我不知道早晨起来该干什么，不知道该怎么活下去。"他毫不掩饰地宣传一个观点："在学校里，最可怕的是一群不读书、缺乏智慧的教师在辛勤地工作。"

面对喧嚣的社会，我们大谈读书，似乎有点不合时宜，甚至有点奢侈。但在学校里，教师不读书，你即使向学生说一千道一万——"同学们，你们要好好读书啊"，这样的忠告是苍白无力的。唯有教师养成阅读习惯，手不释卷，孜孜不倦，并且经常与学生一起分享读书的快乐，学生才会如沐春风，以轻松愉快的心情去享受读书、学习带来的快乐。

2．读书和写作：教师的精神归宿

现实生活中，随着社会的不断分化，教师的政治地位和经济待遇不仅没有实质性的提高，反而有下降的趋势。于是，我们很多教师开始迷茫了，职业倦怠感日盛一日。要改变这种现状，领导者当然要把教育这个最大的民生放在心上，真心实意、尽职尽责地为教育办实事，让教师活得体面而有尊严。教师自身也要学会直面现实，调整心态，用有成效的工作、有品位的精神生活来丰富自己的人生。

我以为，读书和写作是一线中小学教师最后的精神归宿。

先说读书。教师一定要树立“终身从教就要终身受教”的观念，在教育工作中，要有立业先立志，教书先读书，育人先做人的思想。通过读书学习，改善自己的生活和工作环境的实例比比皆是。这个社会，表面上是个人情社会，时时、处处、事事都得讲个人情，好像“潜规则”盛行，但随着社会的进步，法制的健全，最终还是看你是否有真本事。现在凡进必考的实际情况，就彰显整个社会在不断地呼唤公平正义。读了多少书，读出了什么，读出了多少自己的发现和创造，永远是衡量一个教师智慧水准和教学效果的潜规则。关于读书，一是读有字书，吸纳古今中外的一切文明成果，二是读无字书，利用假期，游历祖国名山大川，饱览世界风土人情。古人云：读万卷书，行万里路。其实这话也能倒过来理解，行万里路犹如读万卷书。北京十一学校校长李希贵在《为了自由呼吸的教育》一书中写道：“我真正的学习生活是从读书开始的，我真正的教育人生也是从读书开始的。读书，使我顿悟了教育；教育，使我顿悟了人生。阅读不但可以改变教师匮乏、劳累、烦琐的人生状态，而且阅读积累得越多，给孩子们攀爬的阶梯就搭建得越结实、越长远。”要像李希贵校长一样把读书和自身的需求结合起来，化被动为主动，从被布置读书作业，到自己采取主动的姿态去吸收知识从而解决问题。这样一来，阅读兴趣也就自然而然地增强了，有了解决问题的动力，再繁忙也挤得出时间来读书。畅想着，会有更多的教师在阅读中找到方向，如中国阅读学研究会副会长甘其勋先生所言的读书情景——如镂似刻钻古书，如濡似染沐书香，如饥似渴求书餐，如鱼得水游书海，如虎添翼登书山，如蜜如饴享书乐。有了读书的方向，教师便有了成长的动力，就会缩短教师的成长周期，读出一批名师也将不仅仅是美好的愿景！

再说写作。这是我们很多教师所忽略的。有的教师一辈子除了写教案、教学计划与总结之类的东西之外没有写出其他像样的文字，这是十分可惜的！教师只有经常用笔去反思教育教学中的得失，去感悟人生的丰富多彩，他才能不断进步，他才有充实的人生。这里有一个鲜活的例子。2012 年，中国作家协会公布了新增加的 385 名会员，湖南有 13 位作家，长沙市雅礼中学语文教师徐昌才名列其中，他是湖南省中小学教师中加入中国作协的第一人。徐老师 1988 年参加教育工作，从那时起，他就结合教学工作和兴趣爱好，不断积累读书和教学心得，撰写教育教学方面的文章。因为经常地读与写，徐老师由乡中学调到县中学，又由县中学调到长沙市雅礼中学。尽管教学任务重，但他坚持读书写作，至今已发表文章 400 多篇。近年来，他先后出版《恋上大唐诗生活》《宋诗赏析——宋朝那些诗生活》《梦回唐诗千百度》三本专著。徐老师把读书写作当作与朋友对话交流，穿越千年岁月，穿越阔远空间，对话历史烟云，对话古圣先贤，对话伟大灵魂，在思想的原野上奔驰，在精神的天空下放歌。这样的教师是幸福的，这样的人生是瑰丽的！

出版过多部教育专著的江苏省著名特级教师吴非总结自己从教的经验时说：教师多读书，善于独立思考，勤于探索和实践，逐渐有自己的教学风格，这就很好了。但我认为教师还得是个写作者，特别是语文教师，应当把写作作为一种生活方式。作为教师，我们如果真能把读书和写作当作一种生活方式，那么，我们的生活一定是丰富多彩的，我们的精神世界就会美丽而宽广。

3．成为一盏照亮教师的灯

本周星期六，浏阳市教育局筹备多时的“提高教师师德师能专家报告会”如期举行，在一中体育馆里，1600名中小学教师参加了这一活动。

上午，来自南京师范大学附属中学的中学语文特级教师、著名杂文家吴非做了题为“做一盏明亮的灯”的报告。吴老师认为：教师是一盏灯，多多少少能照亮学生一点点路，你亮一点，他就能走得远一点。

怎样才能使自己亮一点呢？吴老师告诉大家：阅读和写作。

吴老师思想深邃，语言流畅风趣，闪烁着智慧火花：

教师要用高贵的文化来熏陶自己。

善于思考、有辨析能力的教师，能从任何读物中获得有益于教育教学的启示。

没有阅读的“底子”，几乎不可能写好文章。

书读多了，时机一到，必然“脱颖而出”或“水落石出”。

他提醒我们：热爱教育事业的教师，都会有自己难忘的故事，平凡的工作，数不尽的乐趣。有些是我们的梦想，有些是我们的经历，有些不过是我们偶然的遭遇——但因为有了我们，“教育”发生了……把那些感动了自己的写出来，因为热爱教育的人需要。

吴老师像一位慈祥的老者，侃侃而谈，让我们不得不佩服他的睿智。

吴老师倡导的也是我从事教研和教育管理多年来一直倡导的，那就是号召教师过一种以读写为伴的生活。

多来年，我一直在读着、做着，一直在想方设法引领教师热爱自己的职业，从教师职业中获取归属感、荣誉感和成就感。来我办公室交流的教师，我都要送书给他，并在送出的书的扉页上盖上“读书是人生最美的姿态，送书是人间最真的情谊”的印章，以此激励同行。

值得欣慰的是：一批教师在我们的感召下，在阅读，在写作，在一步一步走向成熟。

当一天的学习活动结束后，我收到了一些教师打来的电话和发来的短信：“感谢您组织这次学习活动，我们从中学到了许多。”还有的说道：“在这秋日暖阳中享受教育思想的盛宴，感到愉悦而充实。您就是一盏点亮我们的灯啊，在您的照耀下，我们看清了前行的路，我们将奋力前行！”

我十分开心，我暗暗给自己加油，亮些，再亮此，照远些，再远些，让教师走上一条幸福的教育之路。

4. 读书是人生最好的修行

我是从“文革”走过来的人，幸亏“四人帮”倒台了，恢复了高考。在教师的精心教导和亲友的鼓励支持下，勉强考上了湘潭师专。那是一个百废待兴的时代，走进大学的门，面对图书馆里堆积如山的图书，我真像高尔基所说的那样：像饥饿的人扑在面包上。没有课的时候我基本上是在图书馆度过的。改革开放之初，整个社会读书学习的风气很浓，我就是在那时形成了良好的读书习惯。

参加工作以后，我没有停止读书学习的步伐。在昏黄的煤油灯下，我备好课、批改好学生作业后，总要打开一本书，读至深夜。在学校工作的 10 年里，我除了通过读书获得更高一级的文凭外，还读了大量的文史哲方面的书。一个看似偶然实则必然的机会，我被调入市教育局教研室，担任中学语文教研员。在这个高于学校的平台上，我更是抓紧时间读书，每年读书 50 到 60 本。我过着一种以读写为伴的充实的生活，结合工作实际，写下大量的教育教学方面的论文随笔，在全国十多家报刊上发表文章 100 多篇，出版教育专著 4 部。《中国教师报》《中国教育报》《湖南教育》《教师月刊》等都登载过我的文章并对我做过长篇专访。我 34 岁时被评为中学高级教师，39 岁时被评为湖南省中学语文特级教师，在当时是省内最年轻的中学特级教师之一。我非常支持家人读书学习，爱人洪澜，原始学历不高，通过不断学习，提高了文化水平与管理能力，先后担任市中医医院和妇幼保健院的院长。女儿大学毕业后参加了工作还想读书，通过努力考取了美国哥伦比亚大学的研究生。我们家庭在 2003 年被评为长沙市“十佳学习型家庭”（当时浏阳市就我们一家）。

在教育局工作，有机会与下面的教师接触，我深感教育工作要走在时代前列，教师要多些书卷气，少些烟酒味，必须潜下心来读书学习。我归纳总结出有关读书的四句话，每下到一所学校，都想方设法把它们送给教师们。这就是：收入再少也要买书，时间再短也要读书，房子再小也要藏书，交情再薄也要送书。我倡议我们的教师用年收入的 2% 来买书，我自己基本上做到了年收入的 5% 用于买书。2001 年，我当时担任教育局教研室主任，向当时的教育局党委、行政建议：在全市中小学教师中实施“新世纪教师读书工程”。局领导接受了我的建议，从当年起，每年年初新学期之始，向全市每位教师发放三四本教育、人文等方面的书，年末评出百名读书积极分子和百篇优秀读书心得。这项工作至今已坚持 15 年之久，这在全国都是绝无仅有的。基于对读书的孜孜不倦和不遗余力地推动一个地方的读书工作，我被《中国教育报》推选为“2013 年度全国推动读书十大人物”，湖南省基础教育领域到目前为止仅一人。这些年来，全市教师在好书的引领下，对教育工作有了深切的认同感、归属感和成就感，一批教师成长为骨干教师、名师，浏阳教育质量连续 9 年在长沙市排名第一。

读书是人生最好的修行。读书学习，可以遇见更好的自己。我在尽力地培养更多读书人，在我的办公室里，我请书法家写了一幅字挂在墙上：花香何及书香远，酒味怎如诗味长。我还找人刻了一枚送书印章，上面是我拟好的两行字：“读书是人生最美的姿态，送书是人间最真的情谊。”每当有校长、教师来办公室和我交流教育教学工作，临走时，我都要送书给他们，绝不让他们空手而去。当他们捧着我送的书满心欢喜而去，我庆幸自己又多培养了几个读书人。

5．读书是教育之母

听了江苏省著名特级教师高万祥以“做一个幸福的优秀语文教师”为题的学术报告，高老师深情的讲述打动了在场的每一位老师。我非常赞同高老师的报告内容，因为，高老师让我们真正懂得了什么是幸福的优秀教师，怎样做一个幸福的优秀教师，读书与教师专业化成长有何关系……

高老师告诉我们：阅读经典是最好的备课。

“贫者因书而富，富者因书而贵。”书籍是学校中的学校，对教师而言，读专业性经典好书，就是最重要的备课。中国台湾学者高希均说：“最庸俗的人是不读书的人，最吝啬的人是不买书的人，最可怜的人是与书无缘的人。”教师应该在读书中成长，在阅读中收获。因为阅读能够给我们带来思想，带来更多的爱心，带来诗意的生活。

作为教师，我们的天职是培养人才，培养怎样的人才呢？高老师告诉我们：“培养全面发展的大写的人。”大写的人一定是有信仰的人，热爱劳动的人，学会合作的人，懂得审美的人，热爱自然的人……不读书我们就不能提升自己的思想境界，就不可能培养合格的人才。

高老师告诉我们：阅读予人思想和良知。

阅读能给我们带来爱心、良心、社会责任心。教师职业的倦怠是因为我们教师失去了爱心，失去了社会责任感。歌德说：“读一本好书，就是和许多高尚的人谈话。”牢记自己的使命，把爱心传递给下一代，这就是我们教师幸福的源泉。

在古今中外的教育学作品中，最应该也最值得读的是苏霍姆林斯基的著作。苏霍姆林斯基是人类历史上最伟大的教育家，他的教育思想是人类精神的高地。他的著作大都是工作手记和校长笔记，令人倍感亲切。

高老师告诉我们：阅读带来诗意和创造。

诗意生活是我们每个人所追求的。怎样才能获得诗意生活呢？那就要多读书，多读小说和诗歌等文学作品。文学素养应该是每一位中小学教师都应该具备的良好职业素养，诗意情怀能让我们的工作充满创作热情，能给我们的生活和人生带来更多的温暖与快乐。有诗意的教师，就不会人云亦云、亦步亦趋，就不会日复一日、年复一年地克隆唠叨。有诗意的教师，往往是发现和创造的主人，往往是教育王国的主宰。有诗意的教师，往往有乐观豁达的心态与健康的生活方式，无论是面对大自然的灾难还是日常工作和生活的挫折，他都能保持一颗平常之心、向上之心，有一双善于发现的眼睛。有诗意的教师一定在阅读和教改教研中快乐地生活着。

“读书是教育之母；成功者往往是一个阅读者。”让我们把读书变成自己的行为习惯，让书陶冶自己的情操，丰富自己的内涵，让自己成为一个真正有诗意的教师。

6．与家长谈孩子的阅读

接触了几位小学一年级孩子的家长，他们都有一点担心，怕孩子跟不上班，不知怎么来安排孩子在家里的时间。

我总是对他们说：要让孩子有时间自由阅读啊！

不少家长意识到了阅读对孩子精神成长的重要性，所以，晚上都会说些寓言、童话故事给孩子听，这是一种好的学习方式，特别是在孩子识字不多，还没有形成完整的阅读概念时。只是我以为，这还不够，家长应该学会放手，让孩子多读些绘本，然后，每周安排两个晚上由孩子说说绘本的意思，家长注意认真倾听并予以评价。

若能从小学一年级起就这样用心去做，孩子会逐步养成主动阅读的意识和习惯，掌握学习的主动性。同时，家长在听的过程中可以掌握孩子的思维能力与表达能力发展到了何种程度，语言与思维是相互联系的，语言表达清晰，说明孩子的思维也是清晰的。

在培养孩子阅读能力与习惯时，还有一个环节往往是家长（教师）没有意识到或缺乏关注的，这就是让孩子整理好已读过的书。

我到很多家庭发现，家长愿意给孩子买书，也在意督促孩子读书，可读完之后呢？随手一丢，满屋子散落着书，有的书已缺页少章。这样，我以为只发挥了书的作用的一半。家长还应该有意识地引导孩子爱惜书、整理书。最好给孩子辟出一个藏书空间，经常指导孩子把读过的、未读过的书整理好，整齐地放进指定的书架（书柜）。长此以往，不仅培养了孩子爱惜书的好习惯，还培养了孩子对书的一种敬重之情，让他们了解到书是重要的东西，一生都要敬重它。这样做了，书的作用才能全部发挥。将来，等孩子长大了，回来看看自己读过的书，能很好地勾起他们对儿童生活的美好回忆。这个引导孩子读好书、整理书的过程，就是帮助孩子构筑精神家园的过程。他们即使将来远走天涯，也会常常怀念家里的那个温馨的图书角。因为，他们的精神就是从那里出发的，就是从那里的书里汲取营养慢慢丰盈的。

引导孩子读书是重要的，引导孩子阅读之后自己动手整理好书更重要，因为，它还事关一个孩子的精神浸润和习惯养成。

7. 阅读与学习成绩是什么关系

最近一位教师通过微信向我提出了这样的问题：强调引导孩子去阅读，那每天的学科作业怎么办？要是孩子的学习成绩上不去，怎么向家长交代呢？

这确实是一个问题，而且很现实。

现在许多教师意识到了多让孩子阅读的好处。苏霍姆林斯基曾说："让孩子变聪明的方法，不是补课，不是增加作业量，而是阅读、阅读、再阅读。"现实情况是，你若只一味强调阅读，其他学科的教师怎么办？家长能答应吗？

实际上，强调阅读并不是排斥做题，让孩子从小养成合理安排时间的习惯至关重要。有一位教师根据自己孩子的经历谈了如何安排好阅读与做题，他的孩子一般每天在放学后到晚饭这段时间把各学科作业做好，晚饭后除锻炼身体外就是阅读，这样孩子能保证 2 个小时的阅读时间。

很多教师和家长担忧阅读会影响学业成绩，一位来自一线的小学教师谈了她的一些看法。班上有 3 个孩子成绩差，但她没有放弃，而是引导这 3 个孩子有计划地、认真地阅读。经过 3 年的阅读积累，到小学毕业时，孩子的学业成绩上来了，3 个学生均以优异的成绩完成小学学业。这就证明阅读不仅不会影响学业成绩，还有助于提高学业成绩，只是，教师和家长都要有信心，要学会等待。

谈到阅读，个别学校领导和教师以为现在很多学生爱看一些网络小说，斥之为垃圾书。但更多的教师表达了不同的看法，一位教师讲得好，不能轻易说网络小说就是垃圾书，要教会孩子思考、辨析。

这真说到了孩子阅读的点子上了。孩子的阅读，不仅要激趣、要适量，更要引导孩子带着思辨的意识去阅读，在阅读中感受真善美，摒弃假恶丑，如此，孩子从小就在心灵种下了美好的种子。这颗种子生根、发芽、开花、结果，将来走向社会后他就是一个有益于社会的人，他就能既活出自身的精彩，又能对社会做出有益的贡献。

阅读会影响孩子的学业成绩吗？我的回答当然是否定的。只是，教师和家长，要有韧劲，要有耐心。

辑 七

我的学校梦

1．吃饭不是小问题

我任教育局副局长多年，主要分管教学业务，较少关注学校里课堂教学以外的事。去年下期以来，全国各地兴起抓作风建设的热潮，下校检查指导遇到进午餐时一般都安排在学校食堂。

走进学校食堂，我发现问题来了。

一是绝大多数初、高中学校都将学生食堂和教师食堂分开。学生吃的是“大锅饭”，由于人多，大师傅在上午九十点钟就开始给学生炒菜，等到 12 点下课学生来就餐，菜大都凉了。很多学校没有供学生团桌而坐的凳子，学生只能站着吃。面对品相极差、搭配单调的饭菜，学生自然胃口上不来，胡乱吃点。教师吃的是“小灶”，选择厨艺好的师傅精心制作，教师们来这个专用的食堂就餐，可以坐下来从容吃喝。二是学生每餐的饭菜比教师的式样少、分量少。学生餐桌上一般是四个菜或三菜一汤（我看过一所学校的学生午餐只有四个干菜，没有汤）。我曾经听过一个学生描述他们就餐的情况：“我们学校的伙食是‘四个冷菜，三样货色，两下筷子，一扫而光’。”教师餐桌上一般有六到八个菜，营养搭配、式样都有讲究。教师们对伙食是满意的。三是学生的每餐饭菜是实打实算钱的，而教师的饭菜钱却只是意思意思或者根本就是饭菜免费。明眼人一看便知，教师是在吃学生啊！

学生来到学校，吃什么，怎么吃，实际上是我们教育中的一个大问题。一则学生正处在长身体的时候，需要合理的营养，学校有责任、有义务配制适合学生胃口和利于他们成长的饭菜。二则学生就餐也是很好的教育资源，可以借此培养学生节俭的意识和良好的生活习惯。经常有家长和学生向教育局反映学校的伙食不好。不少校长把以人为本的理念写在纸上、挂在嘴边，就是没有落实在行动上。

我尴尬地从教师食堂就餐出来去看学生食堂，校长跟着后面，面对一桌饭菜一半左右要倒入泔水桶，校长却说："也好，这些剩饭剩菜拿去给学校猪场喂猪，可以增加学校的经济效益。"对此不以为意。我直摇头，内心隐隐作痛。

我想，学校里分学生食堂和教师食堂，在学生食堂就餐的学生，对教师和整个学校都不会有好感和敬意。因为，他觉察到学校是一个分彼此、讲等级的地方。他带着这样的思考走出校门后去观照社会，就会感到这个社会也是缺少公平的，于是，他为人处世也就分彼此、讲等级，不讲规则。你看，一个学校食堂衍生出来的问题关联到一批批学生的个人幸福和整个社会的健康发展。

最近读了中国科学院附属玉泉小学校长高峰的专著《重新发现学校》，他在书中写道，每天吃孩子们的饭，一旦发现问题及时向送餐公司提出警告。他认为，孩子是祖国的未来，小时候吃不好饭，身体不强壮，即使学习成绩好，将来又能做什么？从某种意义上说，若我们的孩子吃不好饭，长不好身体，我们就是在自毁"长城"。

值得欣慰的是，并不是所有学校都对这个现象视而不见。我市浏阳一中就没有分学生食堂和教师食堂，只按地域分南校区食堂和北校区食堂。就餐时，我看到教师和学生在同一个窗口排队，师生在同一张桌上边吃边交流。

我期望所有的校长都明白学生就餐是学校最鲜活的课程，要让这门课程成为学生终生难忘的最美丽的风景！

2. 德育必须贴近生活

学校德育肩负培养年轻一代德性的责任，要给学生精神上带来真正的认同感和归宿感，德育必须贴近生活。以生活道德的教育作为切入点和着力点，应该是提高学校德育实效和夯实德育基础的当然之选，也是构建社会主义和谐社会的必然要点。学校德育指导学生生活的内容主要有：

一、树立正确的生活价值目标和积极的生活态度

生活价值目标是指在生活实践过程中，对人的生活意义的追求和生存质量提升的价值指引。现实生活中许多人包括我们的学生把生活价值目标定位在物质的满足上，希望获取大量金钱，然后用金钱换取享受，沉湎于单纯的自然功利生活之中，对价值信念产生迷误甚至虚无。帮助学生对生活价值进行定位，应该成为学校德育的核心内容。首先，我们要使学生认识到每个人都有追求幸福的权利，合理的生活需要应该得到满足，但我们更要引导学生注意不能把生活价值目标仅仅定位在生理需要、物质需要的满足上，要使他们认识到人的生活的本质不在于物质生活，人的物质生活永远服从于一定的生活目的和意义。单纯的物质享受都有一个饱和点，超过了这一饱和点非但不是享受反而成了累赘，而精神享受不存在饱和点。引导学生把物质享受和精神享受结合起来，把物质和精神的享受与为社会创造精神财富结合起来，以此提升人生的价值。其次，教育学生以积极的态度去看待事

物，增加对社会现实生活的理性认识，从生活中多体验快乐、幸福，热爱生活，以激发创造美好生活的热情。引导学生对现实生活中的不良现象有清醒的认识和持一分为二的态度，用发展的眼光看问题，避免走向偏激。再次，要注意预防和消除学生悲观厌世的思想。悲观厌世的人对未来充满忧伤、绝望，对现实的一切都感到乏味、厌倦，没有信心和热情面对生活。持这种生活观的学生虽是少数，但也是不能忽视的群体，学校德育要关注他们的学习、生活状况，对他们的心理活动实施积极的干预。引导他们正确认识需要与满足、理想与现实的关系，正确认识挫折对个人成长的双重影响和作用，并教育他们理性面对问题，学会从积极方面看待社会和人生。

二、培养健康高雅的生活情趣

在当今开放社会中，文化市场中存在大量低俗、非理性泛滥的作品，它们恰恰能迎合青少年学生好奇、冲动、寻求刺激的心理，学生由于阅历浅、欣赏水平低、辨别能力不强，往往把最庸俗低级的东西当作时尚潮流去追。商业广告的错误诱导、低俗文艺的狂轰滥炸、一些媒体混淆视听的炒作，使学生追求真善美的本性越发容易迷失，其善恶观、美丑观、荣辱观随之发生偏差。培养学生健康高雅的生活情趣不应靠“教”而要靠熏陶，必须经由学生主体自我感悟和内化，被动地接受德育教化的灌输效果并不明显。学生应在实践中不断地扬弃，创造出属于自己的思想观念和生活情趣。首先，要引导学生多接触优秀文艺作品，包括文学名著、文艺评论、古代诗词、名人传记以及情趣高雅的音乐、电影、书法、绘画等，让学生体会其中真善美的道德精髓。其次，开展具有思想碰撞性质的活动讨论、辩论、演讲等，使不同的思想火花尽情迸发，不同见解相互砥砺，从而引发他们思考，提高他们的判断能力。再次，要培养学生广泛的兴趣爱好，开展丰富多彩的课余活动，发展学生各方面的能力，引导学生合理利用闲暇时间，使自己的日常生活充实而有意义。

三、确立宽厚正直的人际交往道德

孟子言：天时不如地利，地利不如人和。现代社会更是一个重视协作的社会。由于许多学生是独生子女，特殊的家庭环境使他们较容易形成以自我为中心的观念，倾向于把自己的利益凌驾于他人利益之上，不愿帮助他人，害怕别人超过自己；在集体活动中本能地成绩自己揽，失误归咎于他人。类似这种自私偏狭的行为使他们不能与别人很好地相处、愉快地合作，他们也就不能顺利融入社会生活之中。因此，必须重视对学生进行和谐人际关系的教育。首先，要培养学生的感恩意识。要教育学生对关心、帮助过自己的人永远心怀感激、知恩图报，通过各种活动引导学生回顾以往生活中接受过的帮助，抒发心底对父母、家人、老师、朋友的感激，时常怀有感恩心，并不时通过语言和行动表现出来，以构建和谐的人际关系。其次，要引导学生树立公平竞争、扶助弱者的意识。社会资源的有限性决定人们不争是不可能的，而无序竞争、不公平竞争很容易使人陷入满腹牢骚、怨天尤人、嫉妒怨愤等灰色心境，也会导致弄虚作假、坑蒙拐骗者大行其道，窒息社会发展的生机。要让学生从小事开始树立规则意识，无条件维护竞争的公平性，把公平竞争视为社会生活的正道、常道。教导学生心地光明磊落，不嫉妒别人的成绩，把别人的成绩当作激励自己前进的动力；对竞争中的落后者、失败者力避歧视、伤害，而能够慷慨地施以人道主义援手。再次，要重视礼仪规范教育。礼仪规定了人们在日常生活中应遵循的行为规范，礼仪和道德是不可分的，良好的礼仪传递着人与人之间的善意，是道德的外在展现，引领人们相互尊重、规范行为，使学生养成以礼待人的良好习惯，任何时候都不失做人的教养和分寸，从而实现人际关系和谐，生活安定祥和。

3．教育要学会等待

今天起得早些，就在早餐之前围着办公大楼转圈。刚一进入，一股浓浓的桂花香扑面而来。哦，金秋九月桂花开了。

我仔细凝望办公楼后侧的一排高低差不多的桂花树，发现有的树上挂满了黄色的小酒盏，有的树上挂的是红色的小酒盏，那是金（丹）桂。再仔细一看，还有一些树是光身，没有花骨朵，甚至看不出有花开的迹象。

我想到了教育，如果我们的学生也像这排桂花树一样同时挂满桂花，那将是一派怎样的盛景啊。可现实是，桂花的花期有早有迟，有的可能要迟八天、十天乃至更长时间才会开花。我们能对现在开花发出浓香的桂花树满心欢喜，而对没有开花的桂花树就另眼相看吗？

一所学校、一个班级的学生何尝不是这一株株桂花树啊，他们是一个个有个性的生命，如果我们期望他们在同一个时间开花送香，这是绝对做不到的啊！

桂花树有自身的花期，开花只是迟早问题。学生的成长也是有期的，有的学生各方面表现突出一点，给人的感觉是成长得快一点，有的学生可能存在这样那样的问题，赶不上班上的一些同学，这个时候教师要分别对待，要学会等待！要相信他们总有一天会开花送香，总有一天会长大。

记得听过罗大佑的一首歌《野百合也有春天》，当时就是感动。是的，在那静静的山谷里，野百合没有赶上万紫千红的春天，但它在聚合力量，当姹紫嫣红过后，它在那山谷里静静地开花了。这不起眼的野百合也给大地增添了不少亮丽的色彩。

当下的学校教育中，懂得并在实践中真正做到“面向全体”“因材施教”的人太少了。很多教师对“三好生”厚爱有加，对后进生冷眼旁观。这样做的结果是学校里造就一大批失败者，他们走入社会后，难得以正常平和的心态对待人和事，于是整个社会显得焦虑不安，人与人难得和谐。

正所谓“在商言商”，我无时不“在教言教”，今天早晨的散步让我重温了一项教育常识，那就是花开定会有期，人人都可期待！

4. 同学们，请坐下

这次下校的任务是参加庆典活动。

烈日当空。在庆典仪式前，学校临时安排了一项手语操（舞）——《感恩的心》。由教师在新搭建的台上示范，孩子们随着音乐舞动起双手。

手语操过后，市领导出现在台上，其他与会者都坐了下来，而300多个孩子在做完手语操后，因为没有人指挥，全部站在运动场上，虽然每人身后都有一张凳子。眼看着仪式就要开始，我发现孩子们还是站在那儿，有的在东张西望找老师，等待老师发口令让他们坐下。这时候，大家都把眼光投向了主席台，几百个孩子被遗忘了。我发现这个问题后，霍地站起来，找到刚才在台上领操的老师，请她发口令，让孩子们坐下来。老师一看是我，先犹豫了一下，又看看台上，我不能等了，即刻就道："同学们，请坐下！"

孩子们看到我这个既像领导又像老师的人发出了口令，立马坐到了凳子上。

看到孩子们坐好了，我也坐到原来的凳子上。我没有心思听台上主持人说什么，听领导说什么，我低着头陷入了沉思。

学校里，要真正落实以人为本、学生为主体的理念，路还长啊！

我们从媒体上也看到过一些报道，有的学校让孩子参加活动，可事实上却把孩子当成了道具。我们的孩子任大人们摆布着，而他们又未觉醒，缺乏争取基本权利的意识，这样的"臣民"教育，想起来就后怕啊！

学校里，孩子是主体，我们教育人一定要用服务的态度来对待他们，不仅要帮助他们掌握科学文化知识，更重要的是从小在他们的脑子里播撒真善美的种子，教给他们做人的道理，让他们从小就有权利和义务意识，而这些又正是我们当下的教育所缺乏的。

总之，一句话：成年人要把孩子当人，孩子要把自己当人！

5．我的学校梦

作为一个教育人，我一直在做一个“梦”：我想拥有一所学校，给这所学校备齐“三师”。

一是教师。我希望我的学校的教师是一群“敬业爱岗，业务精良，教书育人，立德树人”的天使。一个人在青少年时期能够遇上一个好教师是他一生的幸运。他们言传身教，润物无声，把真善美的种子种进每一个学生的心田。在新的形势下，教师这一角色在不断地进化，他们不再只是知识的“搬运工”，而是学习过程中的“首席学习者”，与学生共成长。他们尊重每一个学生，把人间的大爱洒向每一个孩子的心灵。他们关注每一个学生的品德修养和习惯养成，言传身教，成为学生生命中的贵人。

二是心理咨询师。学生是一个个活生生的人，是一个个正在成长的生命体，他们的身体在发育，性格在养成，精神在成长。他们渴望长大，但诸多问题纠结于心，这就需要有专业的心理咨询师走进他们的世界，引导他们走出心理的盲区，使他们成为心身健康的人。虽然现在各级教育部门已经注意到了这些，但离现实的要求还有很长一段距离。如果每一所学校都能配齐配好心理咨询师，始终关注学生成长过程中的心理问题，那么，就能大量避免学生心理障碍造成的不良后果，更好地把他们培养成为心智健全的人。

三是营养调配师。现阶段，我国有一亿多中小学生住校，他们一日三餐都在学校完成。营养调配师这一角色在学校工作中显得尤为重要。因为，学生正处在长身体的时候，如果营养调配师能根据每个学生的身体情况，制定出个性化的餐配方案，那么，学生的身体将得到最好的呵护，学生将能健康地成长。给学校配备营养调配师，是我们过去未曾碰到的新课题，我们做得并不好。一方面是意识没跟上，还停留在“吃饱”的阶段；另一方面是条件不允许，找不到专业的营养师。当前中小学生体质不强的现实，我们应当引起高度重视，要把这项工作提上议事日程。

“少年强则国强”，如果每一所中小学都能做到“三师”齐备，我们常说的“以人为本，面向全体，全面发展”就能真正落到实处。有超强的人才队伍的支撑，中华民族伟大复兴的中国梦就能真正实现。

6．向韩国教育学什么

2012 年 1 月 9 日至 14 日，我应韩国唐津市教育厅邀请，对该市进行了考察访问，拜会了唐津市市长李哲焕先生、教育厅厅长池喜淳女士，考察了湖西中学、元堂小学等学校。20 世纪 80 年代，韩国作为亚洲“四小龙”之一，实现了经济腾飞。是什么使它能进入现代化国家的行列呢？在与韩国友人交流中我找到了答案，那就是教育为这个国家的发展提供了强大的支撑。

那么，韩国教育有哪些是值得我们学习与借鉴的呢？

一是体制设计。韩国对教育非常重视，为教育设计了垂直管理体制，即中央政府教育科技部——道（省）教育支援厅——市（郡）教育支援厅三级管理体制，有关教育的人财物事均由这条垂直的体制通道予以解决，市教育支援厅与市政府是平行而对等的，教育不必受当地政府掣肘，相对独立。这样，教育就能依据它内在的规律办事，避免过分依赖当地政府或当地政府过分干预教育的情况发生。在韩国市教育厅厅长与市长在政治、经济上享受同等的待遇，这种制度设计，在世界各国行政管理史上是少见的，足见该国对教育的重视。另外，韩国的教师享受的是国家公务员待遇，而政府各部门的工作人员享受的是地方公务员待遇，一般情况下，国家公务员比地方公务员的年薪要高出 10%，因此，教师改行等情况十分少见。

二是管理方式。在韩国，要当一名教师，除了获得必要的学历外，还要通过国家组织的入职考试，合格者获得执教资格，可以在全国相应的学校应聘。从教师从教的第一年开始，管理部门（教育厅）

就会对这位教师的工作进行全方位的考核，并根据其工作地区、工作态度、工作实绩等赋分，特别是工作地点，韩国也存在地域等差异，为了鼓励教师到偏远、条件相对差的学校去任教，管理部门加大了对这项的赋分。比如，一位教师在城区学校任教一年计 10 分，倘若他放弃在城区任教而到偏远学校去，那他这一年可计 20 分。这样，在偏远学校工作的教师积分就要比在城区工作的教师多。这些计分有什么用呢？这些计分年年累积，将是他获得薪金和提拔的主要依据。因此，在偏远地区任教的教师获得高薪和被提拔担任校长（在韩国担任中小学校校长是教师的最高人生理想）的机会比在城区任教的教师多得多。这种管理方式，较好地避免了优秀教师只想进城、中小学教育不均衡发展的情况发生。

三是学校主体。教育工作有其内在规律，因此，只有尊重并遵循教育的内在规律才能把教育工作做好。在当今中国，外部力量过多干涉教育内部事务的情况太多太多。学校只得仰政府鼻息，受教育行政部门摆布，毫无自主办学权可言。这样做的结果是千校一面，学校缺乏生气和特色。在韩国，校长对学校有相对的自主权，大的方面，如办学规模的确定，教职员工的聘用，开课设节等，小的方面，如何时放假，放几天假等，都可由校长做主而定。

对照韩国教育，反思我国现阶段教育，感慨良多。

一则现行教育体制容易导致千校一面。这种体制下，学校的活力和学生个体的创新能力得不到发挥，这也是建国 60 多年极少有人获得诺贝尔奖的真正原因。统得过死，管得过严，教育没希望！

二则教师待遇偏低。二十多年前颁布的《中华人民共和国教师法》明文写着，教师的待遇要等同或略高于公务员待遇，现实情况是，表面上教师与公务员待遇相差不多，但实际上公务员的显性福利和隐形收入是教师无法比的。我曾说，现在的教师已经褪去了头上神圣的光环，过着凡人的待遇、圣人的要求的生活。如此，一部分教师改行，一部分教师走投无路，只是得过且过，职业倦怠症明显。

教育的好坏决定着一个民族和国家的兴衰。韩国归来，对照两国在教育上的差异，我感到我们要向韩国学习的东西还很多。

7. 由“盐水大虾”遭遇冷场想到的

最近，一则报道在网上流传，引来热议。事情起因是小学里的一道菜：“盐水大虾”，孩子面对喜欢吃的虾，因为懒得剥或不会剥虾皮，选择放弃。而同样的事情，几年前在这所学校里也发生过。

看完这则消息，不得不感叹唏嘘：现在的孩子头脑一届比一届灵光，可动手能力却是一届不如一届了！

是什么原因造成如此后果？我以为学校和家庭都有责任。

先说学校。长期以来，受应试教育的影响和社会风气的裹挟，很多校长、老师还是把书本知识的传授和文化成绩作为学校追求的“硬”目标，把分数作为评价学生的唯一标准；而把培养学生丰富的生活技能、良好的习惯和健全的人格视为“软”目标，在平时的教育教学中，有意无意给淡化了。诸如本该让学生做的整理书包、课桌，打扫教室、厕所等日常自理事项，也一一忽略。有的学校甚至规定做给学生吃的饭菜里不能有鱼刺和肉骨头，怕这些东西伤了学生，真的大有“因噎废饭”之势。长此以往，这些学生不就真成了温室里的秧苗？面对“盐水大虾”这样的美食，多数学生选择放弃就是一个很好的例证。

再说家庭。当今中国隔代教养成为大多数，这种隔代教养以溺爱为主，只要稍加留神，就会发现身边有爷爷奶奶、姥爷姥姥帮孩子背书包、拿学习用具的情况，孩子空手而随却不觉得有什么不应该。回到家里，孩子更是“小皇帝”“小公主”，衣来伸手，饭来张口，一切应归孩子做的家务都由大人代劳，只要孩子坐到书桌边写作业就行。面对“盐水大虾”，有家长坦言：一着急，我就给他剥了。是的，家庭生活时常会隐蔽掉很多生活细节，比如剥虾，多数时候家长恐怕是为了避免之后的许多麻烦，孩子会不会被虾皮塞了牙缝？他制造了一桌子的狼藉，还有脏兮兮的手与嘴脸，他耗费了很多本可用来学习书本的时间——这多不划算啊！其实，孩子在大人面前要感受的，不仅仅是爱，还有真实的生活，而这些正关乎孩子的成长。

纵观古今中外的教育论述，无不把培养孩子的技能、习惯放到重要位置。现代教育家陶行知通过大量的教育实践，不仅把自己的名字由“知行”改为“行知”，更是提出了“生活即教育”“做中学”等观点，得到了大家的肯定。

一盘“盐水大虾”摆在那儿，面对它的不仅是孩子，还有老师和家长，因为现在的很多孩子都是被最爱的人爱残的啊！这盘大虾照出了当今从学校到家庭对孩子生活技能教育的缺失。虽然仅仅从剥虾这件事，无法上升到判断这些孩子其他动手能力、学习成绩、人际关系等各方面的表现，但孩子的“懒得剥，怕麻烦”却给老师和家长提了个醒：再这么无限度地溺爱下去，再不把培养他们的生存技能和健全人格放到教育及日常生活的重要位置，他们真要被踢出地球啊！

辑 八

阅读，能扩大心灵的半径

1. 学校之新关键在于眼中有人

——读《新学校十讲》

在中国当代教育领域里，李希贵算得上一个让人琢磨不透的人物。他先是在山东高密四中当语文教师，之后任该校校长。后调入高密一中当校长，因提出“为四十岁做准备”的教育理念和在学校里实施“语文实验室计划”而出名。后担任高密市教委主任、潍坊市教育局局长。后又到教育部任基础教育质量监测中心负责人。2007 年，来到北京十一学校担任校长。按中国当代常人思维，一个人既已任局长（或成为“京官”），怎么会想到再去做一所学校的校长呢？读完李校长的这本著作《新学校十讲》，我慢慢理解了他的选择。

李校长的《新学校十讲》荣获“第五届全国教育科学研究优秀成果一等奖”，是近年来他为全国各地的“新学校行动研究”成员单位的十次讲课实录，记录了他组织、参与“新学校行动研究”的历程，展示了他管理的北京十一学校的风貌，朴实的语言，真实的案例，时时闪烁着管理的智慧火花。

李校长把企业的管理引入学校，把学校管理提升为文化管理。在“改造我们的学校”这一讲里，他从“客户”“流程”“测量”“诊断”和“改进”这五个关键词入手，为我们的学校管理理清了思路，指明了方向，让平时的经验管理上升到程序管理、规范管理。在“发现‘学校’”这一讲里，他站在很高的视角，引导我们去“发现”：发现学校的管理者；发现资源；发现学生；发现学科；发现感动的每一天；发现形式的力量；发现我们自己，发现校长。在司空见惯的学校生活中，一旦有了发现的眼光，我们就会觉得教育的资源、教育的时机无处不在。从企业的视角看教育，从国外的视角看中国的教育，面对教育的很多问题，我们就会觉得办法总比困难多。

李校长深刻反思当前学校工作中的诸多失败之处：浪费机会，使本该很好的教育时机从我们身边悄悄溜走；影响力闲置，特别是学校校长和其他管理干部，在校园里有着比一线教师更大的舞台和空间给学生施加影响，可惜我们没有抓住机会，扩大自己的影响力；细节与文化错位，一所学校的文化是由一点一滴的细节汇集起来的，如果我们忽视细节，文化也就不可能很好地发挥它的作用；为不该自己决策的事情决策；反复说同样的已经不管用的话；用错误的方法来纠正错误；等等。这些失败影响了教育效果，值得教育者认真反思。

李校长在书中提出了很多中肯的建议，值得我们学习。他提出：学校要创造适合学生发展的教育，给学生更多的选择；要归还课堂，创造空间，让学生自主学习；要让教师在研究的状态下工作；要让每一个人都觉得自己很重要；要让教师们感到幸福。纵观全书，李校长把教师和学生的发展放在首位的理念得到了充分体现。

李校长具有国际视野和渊博学识，在书中，他列举了许多故事和案例来观照今天的教育生态。他列举的非洲草原上“尖毛草的故事”，对当今教育界一些只想“速成”其事的人是很好的警示。非洲草原上的尖毛草有“草地之王”的美称，但它的生长过程却十分奇异。在最初的半年里，它几乎是草原上最矮的草，只有一寸高，人们也感觉不到它在生长。在那段时间里，草原上的任何一种野草，长得都比它旺盛，没有人能看出这种草会是今后的“草地之王”。但半年过后，雨水到来之际，尖毛草就像被施了魔法一样，以每天一尺半的速度向上疯长，三五天时间，它便长到一米六至两米的高度。大片的尖毛草，就像一堵突然竖起的墙，让人感到无比的震撼。后来研究者发现，尖毛草其实一直在生长，但它不是在长“身体”，而是在长根部。在长达六个月的时间里，它的根部长得超过了 28 米，无声地为自己的将来做准备。当蓄积了足够的营养和能量后，它的生长便一发不可收，一下子成为了“草地之王”。这个故事对我们如何看待学生的成长很有教育意义。

2005 年，我曾经请李校长（当时他是潍坊市教育局局长）来浏阳为全市教育管理干部讲课。课前课后我们曾做过很好的交流。如今，他又重新走进学校，开始了他的“学生快乐、教师幸福、社会满意的学校”建设，愿他走得更远，成为享誉世界的教育家。

2．把学校还给学生

——读《中国教育寻变》

《中国教育寻变》是一本全方位反映十一学校改革的书。作者李建平用了近五年的时间，扎根学校，追寻学校管理层、教师、学生和家长在改革过程中的心路历程，语言生动，事例鲜活，全书具有很强的可读性，给人启发颇深。

学校改革是一个老话题，一般情况是小打小闹，近几年炒得很热的是"有效教学""高效课堂"。这些改革无不涂上应试的色彩，而全国响应者趋之若鹜。李希贵校长领导下的十一学校，敢于啃硬骨头，从课程改革入手，彰显学生个性，努力办适合学生的教育。

取消行政班，实行走班制，学生每人手上有一张与别人不一样的课表，这样一来，全校四千多学生，就有了四千多张课表。在遵循国家课程标准的前提下，让学生自主选择课程和教师。通读全书，我的感觉是，这所学校真正做到了把学校还给学生。

要做到"把学校还给学生"，校长要有过人的胆识和先进的育人理念。在当今情况下，对于如此重大决策，没有对国家、民族负责的情怀和担当精神是不会去想的，更不用说去力行了。李校长是当代中国少有的教育专家，他对学校改革是有全盘考虑和整体安排的，极少人能有这个决心和勇气。

要做到"把学校还给学生"，学校要有周密的制度设计和有力的机制保障。具体而言，就是学校中层要有很强的理解力和执行力，要能在学校中起到桥梁作用，要让校长的设想不折不扣地落实到每一个教师的行动中。

要做到“把学校还给学生”，教师要有崇高的师德和很强的育人能力。十一学校的教师根据国家课程标准，对现行各学科教材进行了大刀阔斧的增删整合，编写出适合本校学生的教材。在教学中，让学生选择教师，这对每一个科任教师都是极大的挑战，这也不是一般的学校、一般的教师可以承受的。

要做到“把学校还给学生”，学生本身也要面对极大的挑战。学生将一改以往只要带着耳朵来听课的习惯，还要带着思考的头脑去甄别、选择，这对大多数学生无疑是挑战。走进十一学校，你能感受到学生是这所学校的主人，他们通过各种社团、各类活动充分展示出青春、才华和朝气蓬勃。

要做到“把学校还给学生”，家长也要有高的素质和新的成人理念。实行走班制，孩子的学习会不会落后，会不会偏科，能不能适应三年后的高考，我想这是所有家长都会有的疑问。在这方面，学校应该做了大量的工作，因此这所学校的改革整体上是平静而有序的。

“把学校还给学生”，应该成为今后教育改革的大趋势。只有这样，从学校走出来的人才会是具备创新精神而又受社会欢迎的人。

有人在参观十一学校后，会脱口说出这样的话：“十一的经验好是好，就是没有办法学。”

这让我想起当代艺术大师、我的湖南同乡齐白石先生的一句话：“学我者生，似我者死。”我们学习十一学校，并不是也不可能照搬照抄其模式，必须联系自己学校的实际“拿来”。

我以为，我们要学习的是十一学校的精神。这种精神主要体现在以下几个方面：

一是担当精神。振兴民族的希望在教育，十一学校的领导正是理解了教育在国家、民族发展中的地位，才会自加压力、负重奋进。

二是全局意识。教育改革，我们一直在路上，可以前我们的改革，基本上是零打碎敲。如最近几年听得最多的“有效教学”“高效课堂”等，这些大多从应试的功利目的出发就课堂做一些改良。而十一学校站在培养什么人的高度去进行课程革新，课程改革可谓抓住了教育改革的“牛鼻子”，只有在课程方面痛下重手，才能实现育人目标的根本转变。

三是坚毅勇气。教育改革非一人之能一时之功，必须有攻坚克难、持之以恒的勇气。

《中国教育寻变》一书实际上告诉了我们这些，我认为，这本书对全国基础教育领域的改革有很强的指导意义。

3．重印25次的教育学入门书

——读《教育方法学》

真正了解日本教育学家佐藤学，是在读了他的《静悄悄的革命》之后。这位日本学习院大学文学部教授、教育学博士，完全有别于一般的书斋式、学院派的研究者，他“作为付诸行动的研究者”，走访了日本各地许许多多的幼儿园、小学、初中、高中和养护学校，同一线教授交流、合作，直面学校改革的挑战。书中论述的怎样把学校变成“学习的共同体”，怎样创造以“学”为中心的教学，怎样的教师是优秀的教师，怎样的教育实践是优秀的教育实践，怎样去倾听学生、理解学生，学校如何实际而有效地帮助教师成长，等等，对我们一线的校长、教师颇有启发。呈现的许多观点和案例让我们耳目一新，发人深省。

最近，阅读了佐藤学的另外一部重要作品——《教育方法学》。作者将这里的“教育方法学”定义为狭义的教育学，它是与教育的价值、伦理、技术的选择和判断相关的实践学，教育哲学、教学论、教学研究、课程研究等构成其主要研究领域。这是一本难得的教育学入门教科书。《教育方法学》自问世以来在日本已重印 25 次之多，它确实有独到之处和无限魅力。

其一，从教育方法的学问迈向教育实践的学问。

传统意义上的教育方法学大多从概念到概念，从理论到理论，纠缠于一些术语的解释。佐藤学在梳理这门学科的来龙去脉后，准确定义教育方法学的内涵，即包括“教授学”“学校教育学”“教学研究”“教室研究”“课程研究及教师教育的研究”“数字媒体教育的研究”。他告诉我们，作为实践性探究的教育方法学是以教师对教学过程中展开的省察、选择和判断，进行反思和批判为中心的探究活动，是在解决具体问题的过程中对跨学科的综合性知识进行整合，形成实践性见识为主要目的的。

其二，对教育方法学的历史有简明的描述。

教育方法学可谓源远流长，如何描述好它的历史轨迹需要高超的表达力。佐藤学以“古希腊的哲学家们”“中世纪的教会与大学的教育”“宗教革命与印刷术的发明”为小标题，用三段简洁的文字就把近代以前的教育方法描述得清清楚楚。接着，他对近代以来在世界教育史上产生很大影响的教育家及教育典籍和主要观点进行了剥茧抽丝般的梳理。对夸美纽斯的《大教学论》及其特点，裴斯泰洛齐的市民社会的教育思想及其实践，赫尔巴特的国民国家教育学，杜威的儿童中心主义教育与学习的共同体，博比特与查特斯的效率主义教育学等，均做了简要的描述。并对单元学习的四种类型：儿童中心主义、社会效率主义、社会改造主义、社会（生活）适应主义有清晰的介绍。对泰勒原理、布卢姆的形成性评价、布鲁纳的认知心理学、维果茨基的“最近发展区”理论也有恰当的评述。读完“教育方法学的历史”这一章，对这一学科的源流就有了深刻印象。

其三，对学与教有精辟的分析。

课堂教学历来是学校教育的重中之重，也是教育家和一线教师关注的领域，佐藤学在这本专著中花了很多笔墨来探讨这个问题。他首先向我们呈现了两种教学概念，即“模仿模式”与“变化模式”。模仿模式是起源于古希腊“模仿、再现”传统的教学概念，指的是以知识与技能的传授和习得为基本的教学方式。“变化模式”同样起源于古希腊，是以苏格拉底的“产婆术”为传统，将促进学习者思考态度及探究方法的形成作为基本理念的教学概念。他接着分析了这两种模式在世界各地的运用情况，没有对两种模式做粗暴武断的评价，只是客观分析这两种概念构建了不同的教学意义与形象，“不能说哪一个概念一定正确，哪一个概念一定错误”。接着，他对“学习”进行了再定义。随着时代的进步，学习的自主性、能动性、合作性的特征被不断加以强调，我们真切地感受到：学习的变革是通过摆脱有效地传递大量知识的产业主义模式的学校教育来展开的，同时，由于终身学习社会的出现，学校教育的核心功能已经从对所定知识的传递转变为对终身学习者的培养。因此，“学习”这一实践活动，既是建构客体间关系与意义的认知性、文化性实践，又是建构课堂中人际关系的社会性、政治性实践，同时也是建构自身内部关系的伦理性、存在性实践。今后，我们必须根据这三种实践的多层性重新认识学习。

针对长期存在的两种教学模式——技术性实践和反思性实践，佐藤学还提出了“反思性教学”这一概念。他认为，这种“反思性教学”是以“与素材对话”为轴心，与同伴合作，共同展开“反思性思考”的教学。在“反思性教学”中，师生钻研具体的素材，通过与教师、伙伴间的沟通，建构意义，并在课堂中展开共享这种意义的学习。启发、援助这种学习的教师也与学生一样，一边展开“与素材的对话”“与情境的对话”“与同事的对话”，一边组织学生的对话，展开建构教学内容这一客体世界的意义的活动。佐藤学描绘的教学图景，正是我们孜孜以求的目标。

其四，对课程与教师专业发展有独到的见解。

在《静悄悄的革命》一书里，佐藤学对“课程”有专门的论述。他认为，课程就是学习的经验。而“创造课程”的能力是教师专业能力的核心，创造以学为中心的课程，就是把与对象物的接触和对话、与学生的接触和对话、与自我的接触和对话作为单元的单位而加以组织。不论是学科学习还是综合学习，都是把“活动的、合作的、反思的学习作为一个一个的单元来加以组织的”。

在《教育方法学》一书中，佐藤学对“课程”更有深入的阐述。他首先简要交代了课程的历史沿革、内涵及其变化。课程，这个在拉丁语里原意为“跑道”的词，后来衍生出“人生阅历”这一含义，再后来被杜威定义为“学习经验的总和”。20 世纪 70 年代后，被称为“概念重建主义者”的教育学家们对“课程”进行了重新定义。休伯纳认为，课程在作为教育内容的程序及系统之前，是每个人在课堂中体验的、个性的、实存性的经验，并将课程设定为以“个人经历”经验为核心，包括了学科内容，还包含了教室空间构成与课时分配甚至学校建筑等全部学习环境的总括性概念。佐藤学认为，课程是展现每一个个体经验轨迹的“学习经验的履历”。他将“博雅教育”与“通识教育”做比较，告诉我们：博雅教育课程的特征在于立足于教养，使个人得以解放，它以人文主义的古典内容为中心来组织教育内容，注重逻辑性思考的态度等精神陶冶价值，追求精英教育。而通识教育的课程特征，一是追求可为解决现实社会性问题做出贡献的教养的形成，二是标榜职业教育与通识教育相结合，以具体主题为中心综合地组织教育内容，实施旨在实现民主主义社会的市民性教育。

值得注意的是，佐藤学在“教师的专业性”一章里，对教师形象有独到的见解。他说：“大家都认为教师是一个‘专业性职业’。但是从教师的工作内容和社会地位上看，实际上并未具备专业性职业的内核，制度上看也未被规定为专业性职业。”他以为，“作为公仆的教师”不仅仅是在日本，而且是世界各国近代学校教育制度下教师的共性。教师作为“技术熟练者”与“反思性实践家”这两种形象而存在。而这两种教师形象，各自主张自身的合理性，彼此对立，构成探究未来教师形象的难题。

其五，对互联网背景下的教育有清醒的认识。

面对由计算机的出现而引发的信息技术革命与认知革命，佐藤学有清醒的认识。他这样定义：计算机是一种工具，是一种与铅笔、笔记本、教材、黑板一样的文具与教具，又是与一直以来的文具与教具不同的具有多种功能的工具。对于计算机在教育教学中的作用，他概括为

“辅助教学”。当然，目前的计算机教育积极运用和综合编辑文字信息、影像信息、声源信息，已经成为了对话性交流的多媒体，特别是将计算机通信与互联网相结合，形成了新的学习网络，对传统教育的冲击非常大。不过，佐藤学提醒大家，计算机教育也有以下危险：剥夺与人和物实际接触的直接经验，使学习陷入形式化；通过“模拟”而体验的学习反复肢解学习意义；计算机网络的虚拟空间加剧个人主义学习，使教室与学校的公共性解体；等等。这些忠告确实应该引起我们高度重视。

4. 真理往往是朴素的

——读《致青年教师》

著名特级教师吴非告别讲台之作《致青年教师》出版后，在全国教育界产生了良好的反响，自2010年问世以来，销售16万余册，荣获中国教育报“2010年影响教师的100本书”之最佳图书奖。我是最早得到过这本书的，每次出版社送给我时，我又立即转送给一线的教师。

这本书好就好在作者把自己放进了文章里。我们从很多篇章中可以看到吴老师从教几十年的身影，他不遮掩、不回避自己教育生涯中的失败之处，真诚地说出来，给年轻教师以启迪。他指出目前社会上、学校里出现的一些不良现象关键在教育本质的偏离。他痛恨目前学校里以教育之名行“伪教育”之实的行径，批评现行的一些教育现象时不留情面，同时他不忘告诫青年教师：不要放弃理想！因为教育是为明天的社会培养合格的人，所以教师必须要有理想。从事教育的人本来就应是一批会做梦的人，如果没有梦想，也就没有真正意义上的教育，我们的后代也就不会有真正的童年、少年和青年。

这本书好就好在告诉了我们青年教师在教育教学等问题上要怎么看、怎么做。吴老师从学生身上出现的问题分析出是教师自身出了问题。学生为什么缺乏气度、缺乏教养？为什么没有好习惯？根子在教师自身在这方面有缺失，没有引导学生形成良好习惯。怎样才能做一个让学生喜欢的教师呢？首先，教师目中要有人，对同事、对学生，要用欣赏的眼光。其次，教师心中要有爱，爱体现在言语上是信任、鼓励，体现在行动上是体贴、示范。

这本书还向我们展示了教育的一般常识。教育的一般常识是什么？教育是慢功。“慢”是教育的一个特征，它的这个特征最像农业和林业，不能依赖“硬件设施”，不能强调资金投入，不能指望加班加点，不能靠使用生长激素。植物有自己的生长规律，有自身的生长周期。同样的，人的成长也是有自身的规律和周期的，如果教师和家长不顾实际情况，一味地揠苗助长，必然得不偿失。教育是实功。育人工作也像农民种田。农民如果精耕细作，过程扎实，管理科学，必然能有好收成。教师如果能以了解为前提，抱有尊重、平等的态度，走进学生心灵，让学生从感情上接受你，那么你的工作就会显得轻松愉快且卓有成效。

这本书还向我们展示了良好的文风。吴老师是著名的语文特级教师，更是全国著名的杂文家，他的杂文辛辣老到，直逼中国社会各个角落里的丑恶，热情颂扬社会中的真善美，有鲁迅杂文之风。但他的这本专著文风平易，天然去雕饰。每篇文章像是一个教育过来人向刚刚入职的教师侃侃道来，促膝谈心，让读者自然感受到作者的良苦用心和智慧。

吴老师有两句名言，一句是“我把自己教成了一个学生，我把自己教回到课堂，我把自己教回了童年”，另一句是“在学校里，最可怕的是一群不读书、缺乏智慧的教师在辛勤地工作”。这两句话道出的是同一个理，这就是教师要在工作中不断地学习，唯其如此，自己才能不断地充实提高，最终走向成功。我到学校去，经常向教师们转述这两句话，大家都很认同。

5．深爱这部“活的教育学”
——读《苏霍姆林斯基教育箴言》

苏霍姆林斯基是20世纪乌克兰贡献给世界的最伟大的教育家。他的教育思想影响了世界上许许多多的教育工作者，其中就包括曾经是乡村教师的我。

20世纪90年代，还在湖南东部一所农村中学教书的我，面对汹涌而来的市场经济浪潮对全社会的冲击，面对浮躁功利的家长，显得不知所措。逡巡不已准备逃离学校时，在省城工作的同学给我寄来两本苏霍姆林斯基的书，一本是《给教师的建议》，另一本是《把整个心灵献给孩子》。灯下展读，感觉是一位教育前辈在向我讲述他的教育故事，娓娓道来，语重心长。

“一个好教师意味着什么？首先意味着他是个热爱孩子的人，感到跟孩子交往是一种乐趣，相信每个孩子都能成为一个好人，善于跟他们交朋友，关心孩子的快乐和悲伤，了解孩子的心灵，时刻都不忘记自己也曾是个孩子。”苏霍姆林斯基的话，让当时的我无地自容，站了10年讲台的我，很多时候，却成为了伪教育、反教育的帮凶，根本没有摸到真正的教育之门。随着阅读的深入，我迷茫的心渐次明亮起来。我立志像苏霍姆林斯基那样，把整个心灵献给孩子。思想有人引领，行动合乎节拍，以后的教育显得实在而愉快。

“一种热爱书、尊重书、崇拜书的气氛，乃是学校和教育工作的实质所在。一所学校也可能缺少很多东西，可能在许多方面都很简陋贫乏，但只要有书，有能为我们经常敞开世界之窗的书，那么，这就足以称得上是学校了。”说得多好啊！学校就应该是一个读书的所在，不仅学生要读好书，教师本人也应该孜孜不倦地读书，因为，在世界教育的词典里有一句话铿锵有力：身教重于言教。为此，我在读好教材、读好苏霍姆林斯基的同时，读了大量古今中外教育家的著作。因工作需要，我被调到县教育局教研室，语文教研员的工作让我接触到很多教师，我以自己的亲身经历引领大家读书。每到一所学校，我都把这四句话送给教师们：收入再少也要买书，时间再短也要读书，房子再小也要藏书，交情再薄也要送书。

“如果你想让教师的劳动能够给教师带来乐趣，使天天上课不至于变成一种单调乏味的义务，那你就应当引导每一位教师走上从事研究这条幸福的道路上来。”苏霍姆林斯基的话激励着我在读书的同时，联系自己的工作不断反思、研究、总结，留下一篇篇教育方面的文章。我的第一本教育专著就叫作《漫步教研幸福路》，沿着这条路，我砥砺前行，成为了一名特级教师。

真正的箴言、真理是不会过时的，而且历久弥新。这本书全面展示了苏霍姆林斯基“活的教育学”的精髓，字字珠玑，令人爱不释手，回味无穷。我深信：教育工作者一定会爱上这本书，爱上苏霍姆林斯基，追随苏霍姆林斯基。

6. 高考备考的及时雨
——读《台湾“高考”语文考什么》

全国高考日益临近，几百万学子正在伏案复习，以期在炎热的6月取得如愿的成绩。市场上、教室里的各种复习资料可谓“汗牛充栋”，学生对日复一日的练习感到疲惫和乏味，“高原现象”频发。一本《台湾“高考”语文考什么》让正在复习之中的高三语文教师和学生眼前一亮，别具一格的17套台湾“高考”真题令迎考的师生大开眼界，这本书能帮助他们走出“高原现象”。

台湾是公认的保持传统文化较好的一个地区，这些都体现在它每年的“高考”语文试题中。由福建教育出版社出版的《台湾“高考”语文考什么》一书，无疑给中国所有师生带来了一场“及时雨”。书中有太多的东西可供备考教师和学生借鉴。

这本书告诉我们台湾地区的“高考”制度经历了两个阶段，一是联考阶段，二是学科能力测验（简称“学测”）和指定科目考试（简称“指考”）阶段。联考始于1954年，止于2002年。“学测”始于1994年，是为了配合当时台湾地区的大学多元化入学方案而组织实施的。“指考”设立于2002年，目的在于体现入学的多元化，为考生提供进入大学的另一途径。全书收录了台湾2001年至2015年“学测”语文试题共15套，每套试题均附有选择题答案和非选择题评分原则说明；另收录了2013年、2014年“指考”语文试题，附有选择题答案及非选择题评分原则说明。书的最后，是编者撰写的《台湾“高考”语文试题的启示》一文，便于我们对台湾“高考”语文试题有一个全面系统的了解。

初读台湾“高考”试题，我的感觉是，它和大陆的高考试题相差无几，都是从字、词、句、段、篇入手考查。汉语是历史最悠久也最具特色的一种语言，我们学习它的时候就是从字形、字音、字义开始的，所以在测试时都沿袭了这个传统。但在具体的检测中，我感觉到台湾更注重语境和传统文化中的精华。如2015年“学测”中有一道这样的选择题：

阅读下文，关于宝钗的回答，最可能是希望王夫人：

王夫人：原是他（金钏儿）把我一件东西弄坏了，我一时生气，打了他几下，撵了他下去。我只说气他两天，还叫他上来，谁知他这么气性大，就投井死了。岂不是我的罪过。

宝钗：姨娘是慈善人，固然这么想。据我看来，他并不是赌气投井。多半他下去住着，或是在井跟前憨玩，失了脚掉下去的。他在上头拘束惯了，这一出去，自然要到各处去玩玩逛逛，岂有这样大气的理！纵然有这样大气，也不过是个糊涂人，也不为可惜。

A．追查金钏儿真正的死因　　B．勇于认错以免良心不安

C．不要将金钏儿的死放在心上　　D．不必为金钏儿的意外而生气

这道题的答案是C。这种将名著中的人物语言拎出，在情景中去揣摩人物性格的试题，既考查了考生的阅读面，又考查了他们的思辨能力，给人灵动鲜活之感。

大陆的高考语文试题中的文言文检测，多选择生、偏的文段考学生，似乎要让考生初次遇到，反复阅读还不知所云，以为非这样不足以考出古文功力。台湾则不同，“学测”卷上的古文题多为学过的篇章，如《出师表》《赤壁赋》，甚至浅显如陶渊明的《桃花源记》。2012年“学测”卷上的“文章分析”就以《桃花源记》中“晋太元中，武陵人捕鱼为业。……黄发垂髫，并怡然自乐”一段文字设题。

阅读文段后，请分析：（一）“渔人甚异之”的“异”和渔人发现桃花源有何关联？（二）陶渊明从哪些方面来描写桃花源？（三）从中可看出陶渊明向往什么样的理想世界？

本题直接取材于台湾高中教材，设题也简洁明了，丝毫没有为难考生的意思。

（一）“异”是渔人对眼前所见美景的感受，这感受引发他的好奇心，于是决定“复前行”，渔人才得以发现桃花源。（二）作者借渔人眼中所看到的景象来描绘桃花源，一是自然环境，“土地平旷”，“有良田美池桑竹之属”，二是人们的生活情状，“屋舍俨然”，“阡陌交通，鸡犬相闻，其中往来种作，男女衣着，悉如外人”。（三）作者所期望的理想世界，即如桃花源一般，人们自食其力、衣食无虞，社会安定、和乐恬静。与老子“安其居，乐其俗”的小国寡民相近。

这般浅易的古文经典出现在“高考”试题中，既能引导学生学好“本”（课本），又能让学生感受经典和传统文化的魅力。

大陆每年高考的作文题总会引爆舆论，成为人们关注、议论的热点，终其原因无非倡导虚情假意，或者刁难考生，或者不接地气。研读台湾十几年来“学测”和“指考”的作文题，大多贴近学生的生活，重视学生的亲身感受或所见所闻，如《远方》《圆一个梦》《最遥远的距离》《快与慢》《失去》《走过》，等等。也有引导学生关切社会的，如2003、2004年的作文题。另外。台湾“高考”语文试卷中的作文还有一个特点，既不限文长，也很少限制文体，这有利于学生充分发挥出自己的水平。

语文教育一直是备受社会各界关注的话题，前些年还有“误尽苍生是语文”的斥责。语文也是每届高三语文教师和全体考生最为纠结的一门学科，他们课堂内外使尽浑身解数，结果却总是难尽如人意。《台湾“高考”语文考什么》的出版无疑为语文教师和学生打开了一扇明亮的窗户，提供了一个宽广的视角，为当下的复习提供了一份实在而“另类”的学习资料，真可谓一场“及时雨”。仔细研读比较，一定能从中收获很多。

7．改造我们的教育
——读《如果我当教师》

30多年前，是叶圣陶先生的《叶圣陶语文教育论集》一书让我坚定了从教的信念。30多年来，叶老的教育思想时时出现在我的脑海中，出现在我与教师们交流的各种场合中。近期得教育科学出版社出版的《如果我当教师》（叶圣陶著，杨斌选编）一书，重温了叶老的一些教育思想，加深了对他的许多教育主张的印象，在很多方面产生强烈共鸣。叶老从教的时代距今近百年，这些年来，中国教育在一条曲折的路上艰难爬行着，许多陋弊一直未除，有时还在放大，影响着社会的发展与进步。许多常识性的问题，至今没有厘清，略举几例，显示我们现在的教育大有倾力改造的必要。

一、对教育本质的认识

一个世纪前，刚刚走上教坛的叶圣陶就多次撰文，大声疾呼："小学教育的价值，就在于打定小学生一辈子有真实明确的人生观的根基。""学校教育的目的就在于使学生养成正确的人生观，因而不能不注意教育与人生的关系。""原来现代教育的最后目标在养成一个个的自由人，在建立一个民主的自由社会。"时至今日，在我们很多教育管理者和教师的心目中，教育的本质模糊不清，没有把引导学生做人放到第一位。他们在工作中，一叶（分数）障目，不见泰山（学生）。因此，现实生活中，偏离教育本质的伪教育、假教育现象在各中小学一而再再而三地出现，可悲的是我们许多教育工作者见怪不怪，习以为常。在他们的心目中，孩子为做题而生，为考试而生。从小学开始，学生就被题海囚住，为考试纠结。一个个天真活泼的生命，被学校驯服几年后，背驼眼蒙，你问他读书的快乐在哪里，他只会摇头，你问他读书的意义在哪里，他只会学着老师说“升官、发财、讨漂亮老婆”。这种远离教育本质的所谓教育，非改不可！不改，小而言之，将毁掉一个人，一个家庭的希望；大而言之，将毁掉一个民族、一个国家的未来！

二、对教学规律的认识

叶圣陶先生提出过一个著名的观点：“教是为了达到不需要教。”他说：“教师特别致力于引导学生善于自学，绝不是越出了教师的职责，绝不致贬低了教师的尊严。正相反，我以为唯有能这样做的教师，才够得上称为名副其实的教育家。”

在教育现实里，我们许多教师往往只注意知识的传授，而不注意方法的归纳与总结，正确的情感、态度与价值观的渗透，致使学生往往知其然不知其所以然，不能触类旁通、举一反三，缺乏持续学习的能力，走出校门后，他们的成长脚步自然放慢乃至停止。这样的学生是不能适应这个飞速发展的时代的，这样的教师真该好好反思自己的教学方法！

进入 21 世纪以来，我国基础教育领域推进了全方位的课程改革，在教学目标的设定上，由原来单一的知识传授目标转为“三维目标”，即知识与能力，过程与方法，情感、态度与价值观。我以为这三维目标的设定是符合教育教学规律的。特别是其中过程的展示、方法的探究，能让孩子体会学习的乐趣，获得终身发展的能力。学生在获取知识、方法的基础上形成正确的价值观。如果我们的教师理解了课改的理念，在教育教学中贯彻好课改的精神，那么，我们的教学将走上一条宽广的道路。

三、对教师工作的认识

叶圣陶先生认为“教育工作者的全部工作就是为人师表”，我深以为然！

“身教重于言教。”这是中国自古以来的一条教育铁律，古今从教者无不认同。叶老曾说：“儿童是最容易受影响的，要使他们受到的影响全是好的，最有效的办法是教师以身作则。”

当今社会，物欲化现象相当严重，我们一部分教师被这飞舞的“乱花”迷住了双眼。他们看到社会价值观出现了倾斜，感到教师不断地去“神圣”化，察觉自己的政治和经济待遇在突破底线，职业倦怠现象层出不穷。许多教师沦为了叶老在几十年前小说里勾画的灰色小人物，精神萎靡、心理失衡、牢骚满腹，有时不分场合，宣泄心中的郁闷、怨恨。凡此种种，都使得师表形象大打折扣。以这种病态心理去教育学生，其教育效果必定事倍功半。因此，必须重塑主流的社会价值观，提高教师的政治地位和经济待遇，加强教师自身的品德修养和提高业务素质，如此，教师才能全身心地投入教育教学工作中，才能真正做到为人师表！

8. 坚定学生立场
——读《追寻理想的语文教学》

读完陈大伟先生的《追寻理想的语文教学——我这样观课、议课和上课》一书，收获良多。

首先，我进一步认识到了理想课堂到底是什么样的。按陈教授的说法：理想课堂是师生共同经历和享受美好生活的课堂；是帮助学生获得生存的本领、生活的智慧，体会生命的意义、价值和尊严的课堂。“课堂上教师是否在有意识地，并且在多大程度上为学生美好的人生提供帮助，这是我们在观察和实践理想课堂的又一视角。”

其次，我进一步明确了“学生”这一概念。什么是学生呢？学生就是学校里学习生存、学习生活、体验生命的人。教育的使命和教师的责任就是帮助学生获得生存的本领、生活的智慧，使他们体会生命的意义、价值和尊严。

基于以上认识，我以为，今后我们去观课、议课时一定要坚定学生立场。

几十年来，我国教育深受苏联的影响，教育实践基本上是围绕“认知导向为中心”展开的，具体到教育教学中，体现“教师中心、教材中心和课堂中心”。一堂课下来，大多数情况下，我们关注的是教师“表演”得怎么样，而对于教育教学中的主体、主角则往往忽略不计，这样做的结果，是学生真正成了知识的容器。

长此以往，中国教育离它的正常轨道会越来越远，必须从现在开始，从观课、议课开始，引导广大教育工作者树立学生立场，坚定学生立场。

坚定学生立场，必须了解和接受当代先进的教育理念。美国教育家杜威的理论就值得我们借鉴。杜威的教育思想围绕“情感方向为中心”展开，体现“学生中心、活动中心、经验中心”。主张学习与教育要满足儿童的内在需要，强调从做中学，强调学生多参加体育活动，要以解决问题为中心多动手做项目，努力培养兴趣、体力、观察力与解决实际问题的多种能力。所有这些，都凸显出“学生中心”的理念，值得我们深思。

坚定学生立场，必须尊重学生的主体地位。学校生活中，教师主宰学校、课堂的行为比比皆是。一些“反正是为学生好”的想法与做法遮掩了学生的兴趣与爱好，扼杀了学生的个性与特长。

坚定学生立场，必须深入了解学生的现实需求。了解学情，这是我们做好教育教学工作的起点。因此，从全面研究教材到教学设计，都要从学生的角度去考虑，而不是教师摸着脑袋而定。教学中，要根据儿童、少年的心理特点，趣化、活化知识，让学生不知不觉中获得知识、磨砺意志、丰盈情感、丰富智慧，最好的教育应该是春风春雨润物无声。

9．要卓越，更要幸福

——读《做一个卓越而幸福的教育者》

下校与一些教师接触，发现有的教师特别是青年教师精神状态不佳，不是埋怨教学条件不好，就是抱恨自己怀才不遇或大材小用。看到教师以这种状态去面对工作和学生，我十分焦急。

近日，读了四川省阆中市教育局局长汤勇的专著《做一个卓越而幸福的教育者》，我好像找到了一些说服教师们的力量。

汤局长上任以来，为自己立下一个愿望，即每年为教师写一本书，这本《做一个卓越而幸福的教育者》是他任上的第七本书，就凭这专著的数量，就可以看出他对教育这份事业爱之深、思之勤。

在《做一个卓越而幸福的教育者》里，作者用一个个鲜活的故事，向我们讲述了怎样调适心态，真诚、用心地面对生活和工作。

我特别推崇他的“要卓越，更要幸福”的观点。现实生活中，确实有不少看起来“优秀”的教师，正像著名杂文家吴非所说：他们不读书、少智慧，却在辛勤地工作（大意）。为了自己的“优秀”，竟不惜以牺牲孩子的身心为代价，违背教育教学规律，一味地打“题海战”“疲劳战”。过重的课业负担压得孩子喘不过气来，孩子们视学校为牢房，在这些教师“辛勤”的训斥下，一双双清澈明亮、充满灵气的眼睛被折腾得呆滞木讷，一颗颗天真活泼、充满幻想的心被蒙上厚厚的灰尘。孩子们快乐、幸福的童年就这样消磨掉了，而一个人如果没有享受到快乐、幸福的童年，那么他的整个人生是不完备的，有缺憾的。因此，作者号召我们所有教育人要行走在幸福教育的路上。

想要行走在幸福教育的路上，我们就要对自己的职业有认同感与归属感。柏拉图说，一个民族中只有最优秀的公民才有资格当教师。我们就是那最优秀的公民中的一员！我们要有这种职业自信，有了这种职业自信，在教育的路上行走，你会觉得每天的太阳都是新的，每天都有快乐相伴。教师的快乐之源是学生。学生是教师独特的服务对象，我们一方面可以从他们渴求知识的眼神中，从他们天真善良的童心中，从与他们真诚的交往和对话中，获得教育的灵感、诗意和智慧；另一方面，我们又能从他们的成长中，从他们的进步中，从他们的逐渐成熟中，从他们对社会的贡献中，体会到一种其他任何人都无法体会的幸福和快乐。教师的快乐之本是工作。我们以满腔的热情投身于教育教学工作，在与学生的思想碰撞、心灵交流、知识传授过程中，在自己充满创造的劳动中辛勤耕耘，既履行了育人教书的职责，承担了传道授业解惑的使命，又在这个过程中充实、丰富了自己，实现了自身的价值，这种快乐将伴随终身。

想要行走在幸福教育的路上，我们就要对自己的职业有成就感与自豪感。孟子云：君子有三乐，得天下英才而教育之是其中之一乐也。特级教师华应龙曾说："像农民种地那样教书。"是的，当我们拥有了童心，我们就有了儿童般的爱好、思维与情趣，我们就能走进儿童的心灵，从儿童的角度去思考问题，去看待世界。当我们与孩子建立起民主、平等的关系，师生之间就有了互相理解、互相尊重、互相依恋的情感。苏霍姆林斯基说，对孩子的依恋之情，这是教育修养中起决定作用的一种品质。学生有了对教师的理解、尊重和依恋，教育过程中的向师性将不断彰显。这时，我们的教育就会显得那么的得心应手，游刃有余。因此，我们应该坚信，只要辛勤耕耘，就会有期望的丰收，就会有成功的喜悦。

卓越和幸福都是每个人追求的目标。作为教育人，我们在追求卓越的路上，如果能够坚守教育良知，遵循教育规律，彰显教育智慧，那么我们就能感知职业的快乐与幸福。每位教师都行走在幸福教育的路上，师生就能收获幸福的人生。

10．雷夫给我们的启示

——读《第 56 号教室的故事》

读完《第 56 号教室的故事》一书，我对雷夫 · 艾斯奎斯有了更多的了解。

雷夫被誉为“美国最有趣、最有影响力的教师”，获得美国“总统国家艺术奖”“全美最佳教师奖”，以及英国女王颁发的不列颠帝国勋章。他 28 年来一直坚守在洛杉矶霍伯特小学的第 56 号教室，这么多年来一直教小学五年级，却取得了举世瞩目的教育成就。

雷夫的成功，源于以下几个关键词：

热爱。没有爱就没有教育。雷夫正是由于热爱自己的职业，喜欢孩子，才能坚守在一间教室 28 年且热情如故。雷夫也坦诚：“我之所以成功，是因为我总是在不停地失败。我常想，我不是一个好的老师。”“面对难以沟通的家长、难以应付的学校，一定要让他们知道，我不是超人，我也会犯错误。面对难以教育的孩子，任何拿出真心诚意对待教育这份工作的老师，都暴露在惨痛失败和心碎失望的风险下。但是，我们一定不要沮丧，不能放弃，因为这就是我们的工作。”这些话，表明雷夫既是一个普通的教师，又有着一般教师达不到的对职业的热爱。

相信。相信是教育的起点。要让学生相信你，唯一的办法是教师要以真实的存在与学生相遇，雷夫就是这样，他是真实的、完整的。而我们很多时候是分裂的，学生和分裂出来的“我”相遇时，可信度就大打折扣了。只有用一个完整的“我”与学生相遇，教育才有力量。雷夫告诉我们如何去建立师生间的信任：“如果你希望孩子信任你，那你的言行必须一致。你希望学生成为什么样的人，你首先必须成为那样的人。你永远是学生不断校准自己行为的一个标杆。”

公平。雷夫告诉我们，其实孩子们并不怕特别严格的教师，但是他们特别憎恨不公平的教师。只要孩子们看见你赏罚不公，你就失去了人心。不公平的赏罚实际上一点用处都没有，反而让师生间的关系越来越糟。他还举例说，一个学生没有完成家庭作业，教师不能惩罚整个班级的学生，那样的话，你可能就会失去孩子们心中对你的信任。有了信任，有了公平，学校教室就是安全的。

耐心。雷夫清醒地认识到，帮助一个孩子需要很长时间的等待。他说，尽管我们都承受着遵守规则的压力，只关心学生的考试分数和成绩，但最好的教师永远记得，这些不是最重要的。我们教给孩子最重要的东西是正直、庄重、尊敬和友善。他说了一件亲历的事：班上有个男孩子不曾被雷夫征服，他故意砸烂椅子，并将破碎的木条丢到污水沟里。雷夫没有发火，没有指责，整整一天没吭声。等孩子们放学后，他走到污水沟旁，拾起木条重新组装。此时，他压根不知道，那个男孩子正远远地偷看他。第二天，男孩子坐在雷夫修好的椅子上，格外安静。雷夫真诚地笑了，他知道自己不仅捡回了一把沾满泥污的椅子，更捡回了一颗自暴自弃的心。至此，他说出一条法则：一种正确的教育行为，十遍八遍不起作用时，一百遍甚至五百遍一定能收获奇迹。因为，耐心是教育的力量！

辑 九

语文教学漫谈

1. 试论语文教学的开放性

教学内容的封闭、教学方法的陈旧和教学评估的滞后是语文教学问题的主要症结。语文教学内容与实际生活脱节，导致教学缺乏生活气息；语文教学方法存在“满堂灌”“注入式”，学生很少自主实践活动，导致语文课堂枯燥乏味；语文教学评估存在重知轻能、方法单一等情况，导致语文教学质量不能适应现代社会的需要。语文教学的多项特性和多项职能决定了语文教学应该进行开放性的综合教育。语文教学要向哪些领域开放呢?

面向社会生活，开放学习领域

社会生活是语文的源泉，也是语文能力形成的土壤。生活与语文的关系是源头与活水的关系，语文学习的外延与生活的外延相等。因此，我们的教学不能只局限于课堂，要引导学生去关注生活，走出教室，走进图书室、阅览室，去阅读报纸杂志，阅读时文名著，实现语文学习与社会生活的对接。教师在传授语文知识和训练学生语文能力的同时，要善于寻找课文内容与学生生活的最佳结合点，尽可能使课文贴近学生生活，让学生的心灵与作者的心灵产生共鸣，让学生与周围的世界息息相通。平时的语文训练材料，应自然而然地注入生活内容，使学生在接受训练时，感到掌握知识、培养能力不只是为了应付考试，而是为了更好地生活。如讲解短语、句子知识时，就可从学生交来的请假条入手；指导学生改病句，可从学生的日记、作文中找例子。指导学生阅读时，要引导学生将课文放入社会生活中。如教《孔乙己》一文，既可让学生联系当时的社会背景理解孔乙己的不幸命运，又可让学生以素质教育的眼光来评判孔乙己的悲剧性格，同时还可结合当今一些社会现象剖析一下身边的“咸亨酒店”式的冷漠，进而感受鲁迅那穿越时空的深邃目光。通过这种教育，学生就会逐步明白“生活与教育是一个东西，不是两个东西”，从而自觉地在学习语文的同时学习生活并磨砺人生。向社会生活开放，要求在教师的引导下，学生自然而然地形成“语文是生活的组成部分，生活须臾离不开语文”的观念，养成事事、时时、处处吸收与运用语文知识，在社会生活中学习语文的习惯。学生运用这个生活的工具、人生的武器“指点江山，激扬文字”，就能养成热爱生活、关心改革、思考社会的好习惯。

面向社会生活、紧扣时代脉搏学语文，语文教学的天空将永远是新鲜亮丽的。

面向大众媒体，拓宽应用区间

向媒体开放包括两方面的含义：一方面，在有条件的学校，教师应组织学生收看各种新闻节目，向报纸、杂志、电台等投寄新闻稿件，反映身边的生活，利用广播、电视、报纸、杂志等大众媒体将教学内容赋予较强的时代色彩和生活色彩。另一方面，教师应有意识地指导学生把平时从课外获得的信息与作文结合起来，拓宽学生的写作空间，使语文教学在向生活和媒体开放的过程中，实现课堂与社会、读书与生活相结合。如组织“电视新闻发布会”“辩论赛”“最佳广告词评选”“挑选错别字比赛”“编写手抄报比赛”等专题活动；让学生经常收听新闻，写作时事评论；收看各种有益身心的影视剧，写影视剧评；收看有关专题节目，增长知识；阅读各种格调高雅的报刊，尤其是学生喜欢的刊物，进行各种形式的写作活动。语文教材中，有很多是写人叙事的，教师应引导学生进入角色、扮演角色，把文字诉诸形象，让学生在欣赏自己的表演中领悟课文的人物形象和思想、写作等特点，在不断丰富精神生活的同时，形成认识世界、了解社会、观察事物、分析问题的各种能力。这样，既让学生感受到语文在现代生活中应用的魅力，也加强了学生实际应用语文的能力训练。

充实教材内容，链接最新信息

传统的语文教学基本上是“唯教材是瞻”，教学内容显得既狭窄又有点陈旧，与现实生活和社会发展有一定距离。开放性的语文教学要求教师根据学生的实际和教学思想的需要灵活取舍教材，恰当地引进与课文、作文相关的文章或生活现象，把静态的、封闭的教材变为动态的、开放的教材，这样才能使语文教学充满生机与灵气。

课内与课外相连。现行初中语文教材中，科普说明文占了一定比例，这主要是想让学生多了解现代科技的发展状况。但随着时间的推移和科技的飞速发展，有些课文的局限性渐渐显示出来。因此，教这类课文时，有补充新的内容的必要。如《中国石拱桥》一文，原载于1962年3月4日《人民日报》。这篇文章详细地介绍了我国石拱桥的基础知识和发展历史，还介绍了新中国成立后我国石拱桥建设的新成果。但文中没有反映近几十年来我国石拱桥技术推广应用的结果，教学时可以补充这方面的知识，使学生对石拱桥有进一步的了解。这样既可弥补教材的局限，密切语文教学和现实生活的关系，又有利于激发学生关心社会发展、关心科技新成果、热爱生活，同时还可以活跃学生的思维，丰富学生的知识，增强学生的时代发展观念和科技创新观念。

课文与时文接轨。高中语文新教材第一册有《琐忆》一文，这篇文章用生动的事例诠释了鲁迅先生是如何“横眉冷对千夫指，俯首甘为孺子牛”的。文章写于1961年，文中所写事情更是久远，但这篇文章有很强的生命力。如果我们在学好课文的同时，引入最近对鲁迅的研究成果，指导学生阅读有关研究鲁迅的文章，让学生更好地走近鲁迅、走进鲁迅，去感受先生那承载着丰富的矛盾和痛苦的灵魂，去解读先生心底那一部厚重的民族心史，这样拓展、延伸，将使阅读显得厚实而新鲜。语文教师应多个心眼，广泛阅读，随时留意、收集报刊上发表的与语文教材有关的文章，以使自己的教学永远有“一溪活水”。

根据教学实际，突破固有程序

开放的语文教学不应该拘泥于预先的教案设计，死守固定的教学程序，而应以课堂教学为轴心，根据学生求知的需要和当时的情况，围绕教学目标，对教学程序、教学设计方案做出适当的调整，使其更切合学生。教师在课堂上所考虑的问题应是：学生在这一节课里应学会哪些知识？已有的知识与所要学习的知识是否能顺利地对接起来？学生怎样才能掌握这些知识？学生应该形成哪些技能？教师应该给予学生哪些帮助？要解决上述问题，我们可以用以下方法：

以疑激趣。教师在备课时根据课文和学生的实际情况，设计若干问题，在教学中启发学生质疑，培养学生主动学习的习惯。

合作学习。合作学习是开放性学习的具体体现之一。学习过程中，总有一些问题需要群体的力量，需要集中全班同学的智慧。教师应在课堂上适时点拨，鼓励学生在“互议”的过程中去体味和感悟课文的内容与表现形式。这样，可以拓宽学生的思维，提高学生的认识水平；通过群体交流，培养和训练学生的口头表达能力；通过组织竞赛等活动，培养学生的竞争意识和合作精神。

及时反馈。开放性教学要求教师不断运用反馈手段，及时调整和控制教学活动。教师可以从学生对问题的回答中，了解学生的思考方法以及对问题的理解程度；可以根据学生的情况变化来调整自己的教学；也可以根据学生完成作业、测试的速度和质量来调整教学，使其更加优化。

转换评估方式，适应形势发展

语文教学要适应21世纪的发展，教学评估体系就要从行政的、他人的、终结性的评估向科研型、发展性、形成性、自评为主的教学评估转变，允许多种评估方式并存。

将听说读写等能力要素作为考试评估的主要目标。选择生活化的语言材料，并在具体的测试中注意答案的开放灵活，树立只求合理、不求唯一的思想。

设置不同层级的评估试题。在教学大纲要求的范围内，一次考试可以设置难度不同的A、B试卷；或在同一试卷中安排不同难度的试题，使各种不同水平的学生都能在考试中表现出他们已经掌握了什么。

将平时作业与正式考试相结合。作业是平时成绩的记录，平时作业提供了学生成绩的广泛依据，它为评估学生的语文能力提供了充分的机会，也让评估学生的语文能力具有了极大的灵活性。

出示全面的素质评估报告。教师要对学生的平时作业和正式考试情况做好记录，及时整理归档。对学生的语文素养，每年至少要向学生家长报告一次，不仅告诉家长他们的孩子的语文达到了什么水平，最好是告诉家长与他们的孩子同年级、同班的儿童达到这种水平的比例是多少。这样，可以使学生家长全面了解学校的语文教学情况并积极参与到学校的教学评估中来。

2．文言文：想说爱你不容易

从2000年下期开始，全国各地的普通高级中学一年级均启用了新教材。新教材的指导思想非常明确：全面提高学生的语文素质，提高学生正确理解和运用祖国语言文字的能力，重视积累、感悟、熏陶和培养语感，使学生养成良好的学习语文的习惯。新教材的一个突出特点就是加大了文言文的比重，在高中语文第一册中，文言文共12课，按先秦历史散文、先秦诸子散文、汉魏晋散文顺序共分3个单元，占全册课文总量的二分之一。旧教材文言文2个单元8篇课文，占全册课文总量的七分之二。很明显，新教材文言文比重空前加大，真正占阅读教学的"半壁江山"，且教材中的民族文化气息和文化品位明显加强。

使用新教材的教师和学生对这种新的编排体系有些什么样的看法呢？为此，我在2000年下期末对所在地的全市高一学生的文言文学习情况、高一语文教师的文言文教学情况做了一次专项问卷调查，并就文言文的教学问题查阅了一些语文教育专家在各种报刊上发表的意见。现将调查的有关情况分述如下。

一、情况统计

对高一年级学生的调查一共设计了8道题，内容包括：1. 你喜欢学习文言文吗？ 2. 你认为新教材中文言文所占比例如何？ 3. 你认为学习文言文对阅读和写作有帮助吗？ 4. 你认为学习文言文对提高自己的素养有帮助吗？ 5. 你喜欢哪种学习文言文的方法？ 6. 你通读过哪些古典文学名著？7. 请写出你最喜欢的五篇文言文或古典诗词篇目。8. 你喜不喜欢所在班级教师教文言文的方法，你认为应该怎样学习文言文？前 6 道题均采用选择题的形式，后 2 道题采用简答题的形式，让学生简明如实地回答。

对高一语文教师的调查一共设计了 6 道题，前 2 道题与学生问卷相同，后 4 道题分别是：1. 你认为学习文言文的目的是什么？2. 你对高一新教材文言文的选编有什么看法？3. 你执教文言文主要采用哪些方法？4. 你认为学生在学习文言文的过程中还存在哪些问题？这 4 道题均采用简答题的形式让教师简单明了作答。

我向全市高一年级学生一共下发了 1600 份问卷，回收了 1413 份；向全市高一语文教师一共下发了 100 份问卷，回收了 86 份。从调查的结果看，目前高中新教材文言文的学习可以用一句流行歌词来概括：想说爱你不容易。下面是有关情况统计。

1. 学习文言文的态度

有 62.9% 的学生对文言文的喜欢程度一般，有 3.7% 的学生表示不喜欢文言文，有 33.4% 的学生表示喜欢文言文；有 56.6% 的教师对文言文的喜欢程度一般，有 8.4% 的教师表示不喜欢文言文，有 35% 的教师表示喜欢文言文。

2. 对文言文在全册课文中的比例的看法

57.9% 的学生、60.9% 的教师认为这个比例可以，39.5% 的学生、36.7% 的教师认为这个比例偏高，学生和教师中认为这个比例偏低的人很少。

3. 学习文言文对自身的帮助

在回答“你认为学习文言文对阅读和写作有帮助吗”时，有 47.1% 的学生认为有较大帮助，有 49% 的学生认为帮助不大；在回答“你认为学习文言文对提高自己的素养有帮助吗”时，有 80.8% 的学生认为有较大帮助，有 19% 的学生认为帮助不大。只有极个别的学生认为学习文言文对自身没有帮助。

4. 学习文言文的方法

有 22% 的学生认为教师现在的教法是多让学生诵读，有 17% 的学生认为教师现在的教法是逐字逐句分析，有 61% 的学生认为教师现在的教法是重点讲解文章内容和表达方式。而教师在问卷中对文言文教学方法的回答基本上是诵读法、讨论法、点评法。

5. 文言文的积累

在回答“你通读过哪些古典文学名著”（四个选项分别为《西游记》《三国演义》《红楼梦》《水浒传》）时，有 18.6% 的学生回答全部读过，有 64% 的学生回答只读过其中的两本，有 17.4% 的学生回答一本也没有读过。在请学生写出最喜欢的五篇文言文或古典诗词篇目时，很多学生写出的都是本期所学的篇目，只有一小部分学生写出了《岳阳楼记》《出师表》《马说》《陋室铭》等初中学过的篇目，课外篇目几乎没有。

二、问题分析

1. 衔接问题

目前就读高一的学生，他们初中阶段学习的是原来的语文教材，这套初中教材一至四册将文言文与现代文混合编排，五、六册才将文言文按单元集中编排。整套教材文言文所占比例较小，学习要求较低。学生在初中阶段的文言积累非常有限，到高一年级突然接触那么多文言文，而且学习要求高，这就导致了初中、高中两个学段文言文学习的断层问题。初、高中的学习衔接不起来，学生无形中就有压力，这会影响学生对文言文的喜欢程度。

2. 兴趣问题

从上文情况统计可知，无论学生还是教师，对文言文的学和教都还存在兴趣不高的问题。教师在回答“你认为学生在学习文言文的过程中还存在哪些问题”时反映：学生学习文言文的兴趣不浓，不愿花时间去学；学习上缺乏主动性，依赖性强，不愿意查阅工具书，希望教师课堂上以串讲为主；教材上有些课文要求背诵，有很多学生达不到要求；等等。所有这些都必须引起重视。

3. 选文问题

新教材的文言文按朝代选编，每个单元选择某一朝代的经典之作，学完高中三年，学生对我国古典文学就会有一个较完整的印象。从高一年级第一册的文言文篇目来看，绝大多数文质兼美，故事性强，文学和史学价值较高，但有的文章不宜放在高一年级学习。绝大多数教师反映：《逍遥游》一文，无论是语言还是思想内容，都有些晦涩，学生难以接受。另外，如《兰亭集序》中的生死观，学生也难以理解。可见，选文是一个非常关键的问题，它不仅影响学生的学习兴趣，而且影响教学质量。因此，选文必须反复斟酌，并广泛征求一线教师和广大学生的意见。

4. 教法问题

从调查统计来看，学生反映教师教学文言文时基本上只求微观理解，往往着重于字词串讲、句句翻译，而不去正确把握文意、分析文章内容，更谈不上评价和鉴赏。学生诵读的时间少，自主学习的机会不多。篇篇文章如此这般介绍作者、写作背景，逐字逐句讲解，在一定程度上影响了学生的学习兴趣，禁锢了学生的学习情感，扼杀了学生的想象能力。学生在回答“你认为应该怎样学习文言文”这个问题时，普遍意见是：多读多背；多让学生自己去涵泳体味。

三、几点思考

1. 明确学习文言文的目的

新课程标准对文言文学习的要求是：能够阅读浅易的文言文。因此，我们必须明白“浅易的文言文”中的“浅易”标准。什么样的文言文是浅易的呢？第一，从文章运用的词汇来看，主要是文言中的常用词与次常用词，非常用词出现的机会较少。第二，从文章的语法结构来看，主要采用常见的文言句式，如文言文的判断句、被动句、宾语前置、主谓倒置、定语后置等句式。第三，从文章的体裁来看，主要是叙事、写景、抒情、一般说理等形式，而不是专业性强的学术著作之类的作品。第四，从文章内容涉及的范围来看，同古代文化背景知识的联系较为松散，少用典故，无须在阅读前去了解背景材料。第五，从文章的整体风格来看，属于典范的文言文作品，如秦汉散文与唐宋八大家之类后世古文家的作品。让中学生阅读一定数量的浅易的文言文，是全面培养语文能力和提高民族文化素质的需要，是深入进行爱国主义教育和加强精神文明建设的需要，是继承古代文化遗产和发展社会主义新文化的需要。

2. 激发学习文言文的兴趣

在中学阶段为年轻一代打下阅读文言文的基础，以便他们进一步深造，掌握阅读古代文献资料的方法，是十分必要的。这也是我们教育工作者的一项历史责任。但是，由于时代的发展，社会的进步，文言文与现代文在语法、修辞等许多方面都存在差异，古代生活与现代生活更是有很大差异。从调查中可以看出，虽然一部分学生认为学习文言文对提高自身素质有帮助，但不少学生还是有一些误解，认为还纠缠在文言故纸堆里不值得。再加上教学中存在“满堂灌”的解经式教学方法，致使很大一部分学生对学习文言文不感兴趣。有的教师由于自身的文化功底、兴趣爱好等因素，也觉得教文言文不如教现代文轻松自如。教师和学生要从传承文明、沟通未来、开拓创新的高度来教学文言文。要让学生真正站到学习主体的位置上来。把课堂还给学生，让课堂成为学生求取知识、训练技能的天地。著名特级教师钱梦龙先生在回忆自己学习文言文时说："由于教学中不是死抠词句、嚼得过细，这就留下了较多的空白，便于学生自己去感知和领悟；有的地方老师又重点畅讲，并指导评点，这就突出了文章最精彩的部分，使学生印象更深。教学中这样疏密相间，略其所当略，详其所当详的教法，是符合学生读文、认知规律的；学生作为阅读的主体，在这样的教学过程中确实可以受到很好的锻炼。"能阅读浅易文言文是一种技能，而技能的养成同样以较丰富的语言材料和语感积累为基础，以文言词法、句法、文学文化常识等背景知识为辅助手段，要引导学生在反复的阅读中理解、领悟、升华，并转化为习惯。因此，通过多种形式激发学生学习文言文的兴趣，鼓励他们阅读、积累一定量的活的语言材料和语感，是文言文教学的重点；引导他们在阅读中积累，在不断积累中阅读感悟，在不断感悟中形成能力，是文言文教学的主体过程。

3. 改进学习文言文的方法

第一，加强诵读。朱熹对读书曾提出过严格要求："凡读书……须要读得字字响亮，不可误一字，不可少一字，不可多一字，不可倒一字，不可牵强暗记。只是要多诵遍数，自然上口，久远不忘。"清代唐彪说："有当读之书，有当熟读之书，有当看之书，有当再三细看之书，有必当备以资查考之书。"叶圣陶先生说：阅读是吸收，写作是倾吐。熟读乃至背诵，把古代那些精美的文章烂熟于心，做到腹中贮书一万卷，那自然就知道话怎么说，词怎么用，文章怎么写，并且随着年龄的增长，阅历的增加，经验的积累，思想的深刻，不断加深对文章的理解，不断丰富审美体验，语文素质自然会得到提高。

诵读是一种目视其文、口发其声、耳闻其音、心通其情、意会其理的综合阅读活动。它是从字、词、句到段、篇，从文字到语音、语义，从表层意思到深层含义、潜在情味的全面感知。人们在反复诵读之中潜心涵泳，认知文字，感受声律，体会词语，疏通文脉，捕获作品的艺术形象，明悟作品的思想感情，领略作品的韵味意境，体味作品的语言艺术，通达作品的奥妙之处，化古人的神气为自己的神气。学习文言文，只有以多读熟读为基础，才能形成和提高文言文的阅读能力。面对高中阶段新教材文言文比重增大，要求提高的实际，教师应把诵读放在突出的地位，将其作为基本的教学方法、教学环节和一项主要的教学要求，贯穿文言文的训练体系，并对诵读训练做出有层次、系统的安排，提高诵读要求，加强诵读指导。应当树立这样的观念，诵读也是练，而且是特别重要的练。不仅教师的讲要以学生的诵读为基础，学生的练也要以诵读为基础。

第二，强调背诵。背诵是朗读到烂熟的结果。张志公先生说："学习文言文，必须背诵，背诵起很大的作用。为什么？因为文言文那种语言材料和语言习惯，是我们从实际生活里学不到的。背熟了若干篇文章，就纯熟地积累起了若干有用的文言的语言材料，形成了某些基本的文言文的语言习惯，这样才能初步掌握文言。"从开始朗读到能够背诵，中间有一个孕育的过程。在这个过程中，反复吟咏作者的语言，咀嚼、消化、吸收，最后增加到自己的语言储备库里去。阅读的时候，遇见某些词汇、某些句式、某些表达方法，不是似曾相识，而是司空见惯，阅读能力就提高了。写作的时候，想用某些词汇、某些句式、某些表达方法，就会涌来笔端，左右逢源，写作能力就提高了。

第三，含英咀华。文言文教学中浅尝辄止，以仅读懂会"翻"为限的现象时有所见。这是"买椟还珠"之举，将力气仅花在"买椟"之上，而不知取珠为己用，实在可惜。著名学者钱理群先生说："中小学语文教育是为人打'精神的底子'的。因此，中小学语文教育主要应培养学生对真、善、美的追求，对彼岸理想世界的向往与想象，对人类、自然、宇宙的大关怀，对未知事物的好奇心，并由此焕发出内在与外在的激情，生命的活力，坚强的不屈不挠的意志力，永不停息的精神探索，永远不满足于现状的批判与创造的欲求。所有这些宝贵而美丽的精神素质可以概括为‘青春的精神’。它既符合青少年生理与心理的发展的特征，同时也是一个人的健全生命的基础。”入选教材的文言文绝大多数都是千百年流传下来的经典名篇，这些作品遣词造句之精妙，表情达意之准确，应该成为我们领悟、吸收、借鉴的主要内涵。所以，对文言文绝不能满足于一知半解，能读会讲，而必须在涵泳咀嚼、玩味鉴赏其炼字锻句、精确表意等方面下功夫。韩愈在《进学解》一文中说：“沉浸酞郁，含英咀华。”就是告诉我们在读书时要沉浸到书中情与理的芬芳里，让思维向各个方向自由伸展，这样才能体会到文章的完美。而对其绝妙之处，更需要反复揣摩与仔细品味，这样才能在获得爽口怡心愉悦的同时，深切领悟到文章的精华。这种阅读方法，是我国古代语文教育最具特色的读书方法，具有厚重的民族文化心理积淀，体现着汉民族的主要思维方式，值得我们在教学中发扬光大。

3．也谈语文教学

新的世纪里，语文科学的基础性日益凸显，语文教学应从哪些方面着力呢？本人谈几点看法。

一、正确把握语文教学的实质

语文学习的功能主要体现在文化积淀和社会实践上。因此，新课程标准为语文学科重新定了位，突出了语文作为基础学科的丰富性、人文性和综合性。它更强调学习方法和思维能力的培养；强调学生在学习过程中的主动学习、探索；强调积极、感悟和熏陶；强调学生语文运用能力和语感的培养；等等。这些都要求我们语文教师仔细领会，迅速落实到教学实践中去。新教材加强了选文的文字性，以及对传统文化的学习，教师要尽快熟悉教材的内容，要求学生做到，教师要先做到。同时，要想办法扩大学生的阅读面，利用一切机会让学生走出教室，走进图书馆，走向社会，面向生活学习语文。

二、引导学生总结阅读规律和方法

古代文论家刘勰的《文心雕龙》中有一段话："夫缀文者情动而辞发，观文者披文以入情，沿波讨源，虽幽必显。"这段话告诉我们，写文章的人大多都是内心有了触动，就把这种情感写了出来，那么，读文章的人就要一层层剥开文字，一步步了解作者的情感世界，这样做好比沿着水波寻找源头一样，即使情感藏得再深也会显现出来。刘勰的话告诉了我们一条正确的阅读思维途径，即读书，尤其是读文学色彩较浓的文章，读者首先要有一种意识：文字是作者“思想的服饰”，我们阅读一篇文章，就好比看一个人，不能只看他穿戴什么就判断他的美丑，远远地看一眼，凭大概感觉也不能立即做出正确的判断，而要仔细地看他穿戴的服饰与他的长相、身材、肤色、职业、性格等是不是相配，才能说他是美还是丑。只看文章的词语不一定能读懂它，草草看一遍，凭直觉得出的印象也未必正确、全面。语文教师引导学生阅读首先要搞明白：作者要通过文章说点什么？写作背景怎么样？读这些文字的一个目的就是把作者要说的东西找出来，理清思路；接着体味作者这样说好不好，并仔细体会其感情。阅读教学，一定要让学生读进去，记得住，用得出。阅读教学要加强诵读指导，为学生提供开口读书的时间和机会。要和学生一起总结阅读规律和方法，让学生能触类旁通，终身受益。

三、联系生活指导学生作文

作文教学历来都是语文教学的半壁江山。但现在有的教师作文前指导简单，作文后批改滞后，学生写作积极性低，学生习作内容空洞，表现手法单一，情感虚假。要解决这些问题，我们的教师就要从改善作文环境、改变作文的某些方式入手，搞活作文教学。曾经有一位教师是这样指导学生写作的：在黑板上写一个“七”字，要求学生根据这个“七”展开想象作文。学生起初有些发愣，教师略略做了一下点拨，于是学生打开了思路，调动自己的生活、知识积累，从政治、经济、科技、天文以及日常生活等方面展开联想，写出了一些不同凡响的文章。这个教例说明作文教学要紧密联系学生的生活，正视社会现实，同时又要从学生的年龄、心理特点出发去营造宽松的写作氛围。要淡化文体，鼓励学生“我手写我心”，写实事、吐真情。这样持之以恒，学生的写作水平肯定会不断提高。

四、让语文课堂洋溢人文关怀

有人认为，语文课堂应该书声琅琅，议论纷纷，实际上这只是从课堂表面形式上讲的。一堂好课，确实需要声音：教师点拨的声音，学生朗读的声音，分组讨论的声音。但我认为，一堂好课，教师还必须投入情感，学生有参与的机会，充满研讨气息，洋溢人文关怀。这样，学生在课堂上不仅获得知识，而且在双向互动中交流情感，净化灵魂，提升品格。发挥学生的主体作用，一定要重视学生的认知水平和接受心理，要让学生入境领情，感同身受。如此以人为本，发挥学生的主体作用，学生必定会珍视语文课，尊敬语文教师。

4. 语文教师的视界

新世纪是一个充满机遇与挑战的世纪。世界范围的竞争表现为科技与教育的竞争，而语文学科在教育领域越来越凸现它的基础性。作为语文教师，我们是幸运的，赶上了这么好的时代，赶上了我们所从事的工作能提升到这么重要的地位。同时，我们又感到肩上的任务是艰巨的。怎样才能肩负起传承文明、开拓创新的重任？我以为新世纪的语文教师应该有这样的视界：

正确认识自己所从事的工作对学生一生的影响。语文是为人打精神底子的学科；语文教育是人的教育。它对提高学生的思想道德素质、科学文化素质，对学生学好其他学科，对学生今后工作和继续学习，对弘扬民族优秀文化和吸收人类的进步文化，提高国民素质都具有重要意义。语文教师应用一生的追求，一生的积累，去为学生夯实精神的底子，让学生走出校门，走入社会后，顺境中能茁壮成长，逆境里能顽强成长。他会以学生为师，学生以他为友，学生和他互教互学，他和学生一起成长。

虚怀以待前辈留下的教学经验和同辈创造的教学业绩。从孔夫子到陶行知，从卢梭到苏霍姆林斯基，古今中外的教育家留下了丰厚的教育教学经验，语文教师应奉若至宝。在我国当代语文教育领域涌现出了一大批名师，语文教师更应该加以学习。“激情”的于漪让他们沉醉，“科学”的魏书生让他们沉思，“人文”的程红兵让他们向往，“鲜活”的李镇西让他们发奋……“结交天下名师而师之”应是语文教师的心愿。他们懂得“海纳百川，有容乃大”，只有博采众长，才能自成一家。

充分肯定学生的个性和创造精神。学生是一个个活生生的生命体，在他们身上蕴藏着极大的智慧、潜能和创造精神。语文教师的使命就是要点燃他们的智慧之灯，激起他们获取知识的愿望，挖掘他们的潜能，激活他们的创造精神，发展他们的个性特征。语文教师应该从“木桶理论”中得到启示：教育教学工作要面向全体，使学生全面发展；学生各有所长，各有所短，必须因材施教，不能一概而教之。

从三尺讲台着眼人的一生的发展。语文教师应该重视通过教育教学来提高学生的品德修养和审美情趣，把引导学生形成良好的个性和健全的人格，促进学生德、智、体、美全面和谐发展作为语文教育的终极目标。语文教师要时刻记着苏霍姆林斯基说的话：教师的教育劳动的独特之处是为未来而工作。要能从三尺讲台放眼世界，培养为明天的社会发展不断创造的人。

从教育的高度观照语文教学。那种囿于教材，只重视课堂的教师，那种就文教文，只以传授知识为业的教师被人称为经师；而只有坚持以人为本，胸中有书、目中有人，把育人教文两方面紧密结合起来的教师才被尊为人师。语文教师应该懂得：教师在课堂上跟学生的交往，只是教育工作的一部分，学生精神上的发展，道德品质的形成，这一切很大程度上都取决于教师有无教育的意识。因此，他们应该把育人放在第一位。如此，语文教学就不会有钻死胡同的感觉，而时时处于“会当凌绝顶，一览众山小”的境界。

从批判学科走向学科建设。语文教师对当前教学中存在的问题要有清醒的认识。应该把人文性作为语文教学的基本内核：在教学中时时体现一种人文关怀。应该把开放性作为语文教学的主要形式：面向社会生活，开放学习领域，紧扣时代脉搏，让语文教学的天空永远新鲜亮丽；面向大众媒体，拓宽应用区间，让学生感受语文在现代生活中应用的魅力；充实教材内容，链接最新信息，使自己的教学永远充满生机与灵气；应该根据教学实际，突破固有程序，用以疑激趣、合作学习、及时反馈的方式培养学生的竞争意识、合作精神和主动学习的能力，让语文教学适应 21 世纪的社会发展。

5．语文课堂教学的新境界

课堂教学是实施素质教育的主阵地。语文教学的目标——培养学生热爱祖国语言文字、热爱中华民族优秀传统文化的感情，培养健康高尚的审美情趣和一定的审美能力，培养社会主义思想道德和爱国主义精神，发展健康个性，形成健全人格等都要依托课堂来实现。怎样才能在语文课堂中顺利地完成这些目标、任务呢？我以为，营造民主平等的课堂教学氛围，注重学生的体验与发现，是语文课堂教学摆脱尴尬局面，步入新境界的有效途径。

有这样的感受，是因为看了三所重点中学的语文课。

三所中学的六堂语文课，各有特色，但仔细分析，便能看出各位教师在教育理念、教材处理、教学方法、教学手段诸方面存在较大的差距。

我看的第一堂课是湖南省某重点中学一位青年男教师执教的高二内容《近体诗八首》。这堂课虽说教学程序很清楚，从回顾旧知到学习新知，并用多媒体调动了学生的听觉（范读）、视觉（打出诗作）和思维（提出问题，让学生思考），重视朗读、范读、齐读、自由读，但整个课堂显示出“牵牛式”的教学，教师领着学生往事先预置的“笼子”里钻，还停留在单一的传授知识这一层面。这样的课，教师的教育理念是：课堂是知识的复制或装载过程。学生的视野、思维都停在课本内容这一层面。这样的课，基本上属于“灌输式”的课，谈不上培养学生的能力。

我看的第二堂课是湖南省某重点中学一位女教师执教鲁迅先生的《灯下漫笔》。我以为这堂课比第一堂课有大进步，体现在：一是教者注意了阅读方法的提供，课一开始，教者就用多媒体从五个方面呈现阅读方法；二是教者注意了引导学生在阅读中去发现问题；三是教者注意了课堂讨论；四是教者注意了课堂小结。整节课有了研究性学习的气息。但这堂课的不足也非常突出：一则学生提出问题后，教者只对提出的问题做了述评，而未另请同学及时帮助解决所提问题，让人感觉课堂虽议论纷纷而实效甚微；二则延伸拓展阅读与课文有些脱节，没有起到应有的作用。教者精神状态好，教学基本功扎实，课堂驾驭能力强。但本堂课的教学设想与结果有差距，学生的活动虽多，但能力培养的效果不明显。我以为，教者的教育理念还未彻底更新，脑子里还有疑虑——放？还是不放？这样的课，教者只是把知识转移或运输了，学生还没有体验的愉悦和发现的快乐。

2001 年 12 月，有幸到上海市建平中学听了四节语文课，这四节课展示了建平中学乃至浦东新区两年来研究性学习的最新成果，给人耳目一新之感，让人精神为之一振。这四节课虽然内容不同，运用的教学手段也不一样，但都体现了一个共同的特点，那就是：自主阅读、合作探索，充分培养与发挥学生的自我学习能力和创造性思维能力。

试以李文莉老师执教的《漫游人性空间——〈巴黎圣母院〉研读与交流》加以分析。在本堂课里，青年教师李文莉将教学重点定为“小说主要人物（爱斯美拉达、卡西莫多、克罗德）的性格分析”，将教学难点定为“小说人物形象塑造意义”。通过课堂交流、讨论，学生体验了小说中作者的情感，人物各自的情感，师生之间的情感，同学之间的情感；发现了前人在解读小说方面留下的成果，发现了其他同学通过搜集、阅读、分析、整合获得的新成果。课堂上，教师和学生共同面对未知领域，共同探索，使得知识的展示不再是平面化、静态呆板化，而是立体化（师生互相补充完善）、动态生成化（知识间前后有联系、比较）的。师生在对知识的探索中处于一种愉悦的、亢奋的状态，整个课堂洋溢着民主平等的氛围和浓郁的人文关怀。这样的课，我以为超越了知识的复制、装载和转移、运输层次，达到了知识的生长或生成阶段。因为，课堂上学生有充分的动口、动手、动脑的时间和机会；学生对作品中的人物的理解达到了一定的高度；学生在整体把握作品时，没有停留在就人论人、就文论文的层面，而能知人论世，使得这种自主阅读达到了一定的广度和深度。这样的课，给人们展示了结论，但它并不十分重要了，因为师生在探索过程中，均有机会体验与发现。这非常符合研究性学习所倡导的学习方式：重过程，轻结论。它昭示我们：不要只顾山顶上的花的艳丽，路上的花也很新鲜，切莫熟视无睹。

在上海建平中学听完课后，我总在思考着下述问题：素质教育大背景下的语文课堂教学到底应该是什么样的呢？在这个大背景下，教师起什么作用？学生的主体地位如何体现？

一、课堂教学是师生生命历程中的一段重要经历

教学是什么？现代理念认为，教学就是通过课堂这一客体而进行的师生共同创造，相互欣赏，导学结合，师生共进的教育活动。在现代学校教育中，应该把课堂教学过程看作一个丰富的、复杂的、交互动态的过程，参与者在智力活动、情感活动、人际交往活动中满足自己的多种需要，并使自己的潜在能力不断得到发挥。

语文课堂教学应该由重视讲授知识结论转变为重视引导学生经历知识的形成过程；由重视让学生记住现成知识转变为重视引导学生再次发现和重组知识；由重视传授书本知识转变为重视引导学生联系社会生产、生活实际多角度地考虑问题和灵活地解决问题；由重视单科独进、学科知识点的教学转变为重视学科之间和知识点之间的结合贯通；由重视统一要求转变为重视学生的差异资源和个性发展。国际学习组织推崇三句话：听来的忘得快，看到的记得住，动手做学得会。在新的语文教育理念驱使下，我们应努力解放思想，引导学生全程思考，着力组织、

激励学生进行讨论和研究，刺激其发现欲，让学生的主体性真正得到体现，主动性、创造性真正得到发挥。

二、学生的学习过程是生命活力焕发的过程

学校要成为学生生命活力展示的场所，课堂教学要成为学生生命价值不断显现的生动活跃的过程。学生在课堂教学中，在好奇心驱使下，满怀乐趣和兴趣去参与对智慧的挑战活动，亲身体验这种充满思想、情感、智慧的“生活”。学生在教师的辅助下，能动地认识、改造和发现知识，赋予知识以个性化意义，学生的生命活力在这种积极主动的参与过程中充分表现出来。在这样的背景下，知识不再是书本上的知识，也不再是教师准备好的知识，不仅仅属于认识范畴，它已生长、生成，扩展到情感、人格等领域。在这种体验和发现中，学生的知识得以增长，情感得以呵护，人格得以健全与发展。北京师范大学教授王富仁说：“学生的真正兴趣也是在探索和发现中产生的，开始他可能感到一个作品像一个语言的迷宫，但在教师的引导下，他越看越能更多地看出其中的奥妙，这种发现的兴趣直至课堂教学结束依然没有消减，他在今后的生活和学习中，仍然会不断地想到它，体悟到它的新的意义和乐趣。所以，学生对教师的教学和课文的理解也是没有一个终点的。……这样的学习，是作品不断丰满化，教师不断丰富化，学生不断充实化的过程。”

三、教师在教育教学中的意义

每一堂课的教育教学水平，都是教师专业水平和生命价值的直接体现。每一位热爱学生、热爱生活、热爱自己生命的教师，都会同那些充满青春活力的学生一起，共同把课堂和学校构建成美好的精神家园。

语文教师重新确立人生坐标和教育理念后，就要想方设法使自己所

从事的工作成为教育发展的强力助动器，唤醒学生的主体意识，发挥学生的主动精神，培养学生的主人翁意识和社会责任感，为学生主动发展、个性张扬创设氛围。同时，教师也应该以主人意识与学生在教育教学活动中共同生活，在教育教学实践中与学生共同发展。

6. 语文教师的学习与成长

课程改革进行到一定程度，教师的素养自然提到议事日程上来，可以用一句话概括：语文教师在课程改革中与学生一起成长。这是形势使然，非如此无以适应今天的学生需要。三位教师回归原点，探讨教师成长之途，读点什么，积累点什么，反思点什么，实实在在。爱因斯坦说得好：人的差异在于业余时间。语文教师能够使用好业余时间，持之以恒地做好以下几点，素养提高、专业发展是自然而然的事情。

在学习中提升

陈文（以下简称“陈”）：当今社会，现代科技发展迅速，科学知识的增长速度太惊人了。我看到一份资料，上面说全世界科技杂志的数量每15年翻一番。20世纪60年代以来，科学技术上的新发明和新发现比过去2000多年的总和还要多。仅在宇宙空间技术领域，就出现了1.2万种新产品与新工艺。今天的知识和信息真如海洋那样宽深，如海潮那样涌涨。

屈加亮（以下简称“屈”）：我看到一则信息，说的是现在科学知识和技术的老化周期也相应地缩短。据有关方面调查，20世纪60年代中期的大学毕业生，过了10年左右的时间，70%的专业知识已经老化；70年代中期的大学毕业生，过了5年左右的时间，50%的专业知识已经老化。国外教育专家指出，在现代生活中，一个人在其一生中所学的知识只有 10% 左右是由学校传授的，其余的 90% 左右是在工作岗位上通过不断学习得来的。

陈：由此可见，学习也从来没有像今天这样，成为一个人最基本的生存能力。学习，是明天的生产力，是最富革命性、创造性的生产力，是统摄生产方式、生活方式和思维方式的动力系统。新世纪的最大能量来自学习，新世纪的最大竞争也在于学习。有一个比方，说学习是我们每一个人乃至整个社会开启富裕之门的钥匙。用“望远镜”来观照信息社会，人类进入了一个奇异的“返老还童”时期，变成了“永远的婴儿”。唯一的结论就是：大家都来当学生。

李忠民（以下简称“李”）：虽然我们首先交流的都是科学技术方面的信息，实际上我们语文教师更应该有与时俱进的意识。现在很多语文教师还没有认识到自己的视野对学生视野的影响，自己的素质对学生素质的影响。在读书学习上自觉性不够，还处于“要我学”的阶段。殊不知，随着时代的发展，人们对文学艺术的认识也在逐步加深，况且，“江山代有才人出”，新的好的文学作品不断涌现，这些，都应该在我们的语文教学中有所体现。

屈：我想起了叶澜教授的一段非常精辟的话：“没有教师的生命质量的提升，就很难有高的教育质量；没有教师精神的解放，就很难有学生精神的解放；没有教师的主动发展，就很难有学生的主动发展；没有教师的教育创造，就很难有学生的创造精神。”教育者自觉完善自己，有利于学生的完善与发展。

陈：教育工作本身就是面向未来的工作，有很强的前瞻性。“如果你今天不生活在未来，那么，你明天将生活在过去。”这句耳熟能详的话道出了一个残酷的现实：学习化时代已经到来，只有终身学习，才能更好地生活，才能跟得上时代。

李：当代著名画家张大千先生说：“作画如欲脱俗气、洗浮气、除匠气，第一是读书，第二是多读书，第三是有系统、有选择地读书。”读书对画家尚且如此重要，我们语文教师更是要重视读书。只有不断学习，我们才能对教材内容进行独立思考，形成个人的见解，给予学生形成性知识。

屈：在教育教学中我还体会到：学习，不仅是向本校的教师学习，向语文学科领域内的专家学习，还要向教育对象——学生学习。信息社会里，人们获得信息的途径是多元的，现在的教师再也没有能力垄断知识了。学生在技能和智能方面可能超过教师，我们必须放下架子，虚心向学生学习，和学生一起成长，从而为学生提供一个不受拘束的学习环境。

陈：在今天这样一个由效率和技术主宰的时代，愈来愈多的人，希望学习给他们带来立竿见影的效果与实惠。因此，他们往往心浮气躁、急功近利，学习也就成为了外在的包装、利益的计算、轻巧的复制。组织教研活动时，我们发现，参加的教师大多对上课技巧比较关注，特别对名师上的课感兴趣，止步于对名师课堂技巧的简单模仿，而看不到名师背后深厚的底蕴。我所接触到的一些名师，如李镇西、程红兵、高万祥等，他们都具有很深的理论功底，都能从教育的高度来观照语文教学。教师不愿意学习教育理论，这在很大程度上制约了自身的发展。

在积累中磨砺

李：我认为语文教学就是一个引导学生积累的过程。要学生养成积累的习惯，教师首先应该有好的积累习惯。为什么有的教师从教时间相当长而进步很慢，而且越教越不受学生欢迎呢？这与他不善积累有关，他的教学被学生称为“老北京的叙说”，怎不令人伤心令人忧呢！为什么很多医生工作时间越长医术越可靠呢？这与他的不断积累有关。医生行医时间长，积累的病例多，他就能对以往各种患者情况分门别类地分析研究，然后针对病人的患病情况对症下药。教师在这一点上应该向医生学习，不断夯实自己的教学积累。

屈：语文教师，首先要过好教材关。教材都不熟悉，课堂上就谈不上尽情发挥、挥洒自如。我认为钻研教材应该包括三个层面：一是教师必须完全弄懂教材的体系和基本内容；二是根据课程标准的要求与学生的认知结构，确定教学重点；三是开发出教材的发展价值，运用教材发展学生的智力，增强学生的思考能力。

陈：想要改变学生的学习方式，先要改变教师的备课方式，要在教师中提倡研究型备课。以《荷塘月色》的备课为例。假如有一位教师，他自然熟读课文，翻阅现成的有关作者和时代背景的参考资料，但他并不满足于此，还阅读作者的其他散文，以把握作者的创作思想和散文风格。不仅如此，他还翻阅《中国现代文学史》，以了解那个时代，并认真阅读文学史和《朱自清评传》中对朱自清的评价，以把握材料中记叙的事实和评价观点。此外，他还根据文章的写作年代翻阅记叙那段历史的材料，再进一步查阅近年来语文教学专业报刊上有关朱自清及其散文的最新研究成果。最后依据阅读过的上述材料和学生的认知水平及接受心理，形成自己的心得体会，写成备课笔记或教案。这样的备课就是研究型备课。对教材、学生、教法和教具等，教师不止于熟悉，而且将它们作为研究的对象，做出某种程度的独立解释，形成个人的体验和认识。

李：对语文教师来说，能说会写应该是两项不可或缺的基本功。叶圣陶先生曾说："唯有教师善读善写，乃能引导学生善读善写。"善写，对语文教师而言应是件不难的事。首先应该懂得写作方面的知识，既要掌握记叙文、说明文、议论文等文体的写作规律，又要像教练员一样，通晓命题作文、半命题作文、话题作文乃至仿写、扩写、改写、续写等训练程序，如此才能更好地培养学生的写作能力。苏霍姆林斯基在当教师期间，曾写下了千余篇作文，这些作文或描写自然景物，或抒发自身情感，或记录切身体会。他说写这些文章不是为了发表，而是为了教会学生使用语言，当这些文章触动了学生的心弦时，他们就会情不自禁地拿起笔来表达自己的情感。可见语文教师如果善写“下水作文”，就能真切地指导学生的写作。

屈：“善写”还应该包括写字。为人师表，应与马虎绝缘，写字必须工整规范，给学生以良好的示范。如果教师的钢笔字、毛笔字、粉笔字字体美观、行款整齐、设计科学、布局合理，对学生是一种艺术熏陶，不仅使学生从中体会到艺术美，更有助于培养他们细致耐心、严肃认真的习惯和作风，对他们日后的学习、生活、工作都将产生一定的影响。要练好这两项技能切勿急功近利、一曝十寒，必须在教学实践中坚持不懈地磨砺。

陈：要为自己的教学工作打下坚实的基础，仅有教参是很不够的。俗话说：好记性不如烂笔头。我认为语文教师在平时的教育教学中，必须配备三个本子：一是教育理论摘录本，用来摘录教育教学报刊上有关教育新理念的文章；二是教学方法摘录本，用来摘录教法探索、学法研究方面的文章；三是时政时文摘录本，用来摘录国内国际重大新闻、天文地理知识、科技最新发展以及最新诗歌散文等。长期坚持做笔记，而且经常分门别类去整理，你的教学功底就会厚实，你就会觉得“年年岁岁花相似，岁岁年年人不同”，讲台上的你就会游刃有余。

在反思中发现

李：目前，一部分语文教师已经感到了学习的重要性，也注意教学积累，但总觉得自己成长不快，这是什么原因呢？

陈：这是缺乏反思意识之故。有专家指出：没有反思的经验是狭隘的经验，至多只能成为肤浅的知识。

屈：我理解的教学反思，应以探究和解决教学问题为基点。就是说，教师不能机械地按照教材或教参按部就班地行事，而应该在领会的基础上，重点解决教学中的问题，并在解决问题的过程中使教学过程更优化，使教学效益更好。

陈：教学反思分为教学前的反思、教学中的反思和教学后的反思三个阶段。教学后的反思，教师可以问自己下列问题：这节课是怎样进行的？是否跟我所预期的一样？怎样用教和学的理论来解释我的课？怎样评价学生是否达到了预定的目标？上课时改变了计划中的哪些内容？为什么改变？是否还有一些问题未找到正确的答案？根据这些问题，我们就可以判断自己成功地完成了教学目标，还是需要重新计划或试一试新的策略。

李：你说到了教学反思的三个阶段，特别强调教学后的反思，具体就每一位语文教师来讲，怎样进行反思呢？

陈：可以从两个方面入手：一是典型剖析，样板指引。典型具有教育性，榜样的力量是无穷的。中国当代语文教育领域，涌现出了一批卓有成效的名师，他们的教育教学思想、模式、策略和方法，具有极高的理论价值。这些典型为我们提供了一个个活生生的范例。二是自我否定，经常检讨。实现教育目标，一方面要求教师以理性的态度和科学的方法对教育教学的本质加以深刻理解，另一方面要求教师认真地检讨自己的言行，如在教学过程中是否表现了适当的谦逊、足够的勇气、公正的品质、豁达的胸怀、丰富的情愫，是否有耐心、自知之明、亲切感和幽默感，等等。教师在教育教学过程中随时对自己的教学实施有效的监控和调控，这正是走向成熟的途径和标志。

在总结中成长

李：目前，我们教师中主动总结、善于总结的人并不多。有的学生以台湾歌曲《童年》里的歌词自嘲：“总是要等到睡觉前，才知道功课只做了一点点；总是要等到考试后，才知道该念的书都没有念。”我们的一部分语文教师呢，总是要等到评职称的时候才发现论文还没有写，以致工作几十年退休时，还是“轻轻的我走了，正如我轻轻的来”，没有带走半片云彩，眼中只有“酸楚的泪”，肩上只是“空空的行囊”。

陈：这种情况提醒我们要善于总结。在平时的教育教学中，要勇于发现问题，透过日常缤纷的教育教学现象，提出发人深省、蕴含研究价值的问题，并从中寻找规律。要敢于冲破原有模式，大胆改进教学方法和教学手段，创造新思想、新方法，在教育教学过程中不断地总结，从而提升自我。

屈：现在许多教师对写教育教学论文比较陌生，不知从何写起。

陈：那就从写教后记开始吧。每天，当我们结束了一次与学生的倾心交谈，或完成了一个课时、一个章节的教学任务，有些心得时，不要急于忙别的工作，应该对刚刚完成的工作做一番梳理、沉淀，坐到办公桌前记下来。如果能持之以恒地这样做，将会产生极佳的效果。写教后记有利于有针对性地改进教育教学工作，有利于及时记下教学反馈信息，有利于探索教学改革新路，有利于总结教育教学的经验和教训。

李：具体地讲，教后记记些什么内容好呢？

陈：可以记教育教学中的得意之作，可以记教育教学中的遗憾之处，也可以记课堂中学生的反馈结果，还可以记下一次教育教学的设想。记录不拘形式，既可以是一段话，也可以是一篇短文，但都要求及时记载、真实记载。写教后记最怕三天打鱼两天晒网，体育界有句行话：一天不练自己知道，两天不练教练知道，三天不练观众也看得出来了。重要的是我们的教师要有不断总结的意识，由“要我写”变成“我要写”，从“不会写”到“很会写”。写好一篇文章后，可以求教于同行，进一步修改、完善、提高。语文教师若能长此以往，就能在实践中反思，在反思中总结，在总结中提升，逐步形成自己的教学特点和教学风格，成为一名学生喜欢、家长满意、社会敬佩、影响深远的名师。

（李忠民，湖南浏阳市第一中学；
屈加亮，湖南浏阳市田家炳实验中学）

附录

“阅读是我向上发展的根本”

——中学语文特级教师陈文的成长故事

《中国教育报》记者　张贵勇

生活中的陈文，低调而沉静，甚至不像个官儿。

但就是这样一个少言寡语、如邻家兄长一般朴实的教育局副局长，一直倔强地坚守着读书人的本色，并在浏阳市300多所学校埋下阅读的种子，引领一万多名教师乐学乐教。

陈文更愿意把自己定位为一个痴迷于阅读、对孩子无比热爱的教育工作者。他说，我心目中的好教师是厚积累、宽胸怀、高境界的读书人，而这似乎也是他的追求目标和成长写照。

“白驹过隙，人生苦短，我庆幸自己没有折腾自己，一辈子坚守着教育事业，一辈子学做一件事——做一名有教育品质的教师。”陈文如是说。其实，回首30多年的教育生涯，他就是这样一路走来的。

“阅读让我走到了今天”

1979年，陈文参加高考。通过几个月的挥汗如雨，他如愿以偿地上了一所师专学校。后来了解到，那一年的高考生有680万，包括中专的录取人数只有23万人，录取率为6%左右，他是从高考大军中走出来的幸运儿。

陈文说，他真正的阅读是在考上湘潭师专后。那时正好赶上打倒“四人帮”，电影、书籍全面开禁，以前没书读的人像高尔基所说的如饥饿的人扑在面包上一样，一天从早到晚泡在图书馆里，读书、记笔记，“真正感受到了阅读的乐趣”。

师专毕业那一年，19 岁的陈文被分配到浏阳市最边远的中学——浏阳市第十三中学，开始了教师生涯。“那时候，教学条件非常艰苦，现在的老师都无法想象，没有楼房，都是破败的平房。那时候没有电灯，去报到时，教务处发了一盏煤油灯。”但他热爱阅读，晚上就在煤油灯下看书。“我的宿舍是老房子，顶棚经常有老鼠窜来窜去，吵得我睡不着。”

在这种艰苦的条件下，陈文一待就是 10 年。

为了丰富自己，陈文在教书的同时，也读了大量的书。因为想考本科，当时的自学考试政策要求必须从专科读起，他不得不又读了一次专科。1988 年，他到湖南教育学院（现在已并入湖南师范大学）脱产进修，读了两年本科，打下了相对坚实的理论基础。

那时的陈文喜欢看古今中外的一些名著。在明媚的朝阳中，他多次与学生一起朗读充满青春气息的《我是青年》《风流歌》等，学生喜欢，他自己也喜欢，“那段时光很充实，身上有使不完的劲”。学校的书不是很多，为了找书读，他几乎把学校图书室的书通读了一遍，之后每月从工资里拿出 10% 用于买书。在浏阳市第十三中学的这 10 年里，陈文购买的书堆满了书柜。到了浏阳市，他把家里最大的房间作为书房，用来安顿他那一万多册藏书。他还从自己与妻子洪澜的名字中各取一字，将书房取名为“文澜工作室”。

“当时有很多机会改行，我都进入了后备干部三梯队。”陈文说。但他一直觉得教书很好，很适合他，没想过改行。“十几年前，市政府把我调过去，我在那里工作了 10 个月后，又回到了教育局，还是做我的专业——教学研究。当时市长、书记都出面留我，但我还是坚持调回来。我从来不后悔自己的选择。作为一个教育者，我非常自豪。”

陈文喜欢阅读，喜欢写作，当时分管业务的副局长对陈文在那样的环境里能写出好文章感到很惊讶。1992 年，他被调入市教育局教研室，从此开始为更多的教师服务。

十几年过去了，陈文开始接“伯乐”的班，成为主管教学的副局长。他感慨：读书确实改变了一个人的命运。唯有读书学习，才能拯救自己、成就自己。

点燃教师的阅读激情

20 世纪 90 年代初，浏阳市的教师爱读书的不是很多。

其中原因，除了教师缺乏读书热情，更多的是没有机会到大城市买书。140 万人口的浏阳市，只有一家新华书店，但很少有适合教师看的教育类图书，至今没有一个教师专柜，书架上摆放的都是练习册、教辅等。

当教研室主任的时候，他号召教师每年拿出工作收入的 2% 买书。到学校检查时，他喜欢到教师的家里看看，看其有没有书房，有没有专门的书架，“只看教材教参，不看其他书籍，无源头活水，这样的教师不可能是优秀教师”。而每次出去检查，他总不忘带上一些书送给那些爱阅读的教师。

做教育局副局长时，每次外出学习，陈文总会带回很多的书。有教师到他办公室来，临走时他总会送其一两本书。工作再忙也要读书，收入再少也要买书，住处再挤也要藏书，交情再浅也要送书。陈文说，读书是他成长的根本，也应成为教师成长的根本。

陈文也喜欢结交名师，那些在全国教学改革中有成就的教师，如李希贵、朱永新、李镇西、程红兵、高万祥、魏书生等，他都会一一写信或登门拜访，请他们到浏阳讲学。之所以潜心于此，他说，“我的起点很低，学历是专科，而且一直在大山里的学校教书，但在不断与外界交往的过程中，我尝到了学习成长带来的快乐。现在，全市骨干教师经常聚到一起，交流读书心得，取得了很好的效果，许多教师逐渐成长为远近闻名的名师”。

在教育改革中，陈文主张要给教师提供专业成长的平台，而抓手就是阅读。从 2001 年开始，他提出“新世纪教师读书工程”方案，以 5 年为一个周期，引导教师读古今中外的教育名著。每年 4 月，教育局把书发到教师手中，第二年 4 月组织教师考试，并记录成绩，通过了的教师才有资格申报高一级的职称。考题都是陈文亲自出的，考的也都是指定阅读的书中的内容。

到了年底，市教育局还要做两件事，每年评出一百名读书积极分子，评出一百篇优秀读书心得，以此来验证教师读书是否认真，激励那些热爱阅读的教师。“读书，虽然不是硬性规定的事，但有一半多的老师真正阅读了，这有利于他们的专业成长。”在他的倡导下，教育局每年会向学校下发教师阅读书目。他还号召教师每年都要出去走一走，开阔自己的眼界和胸襟，“总待在校园里对教师成长不是很好”。

现在，浏阳每两年组织教师外出学习一次。陈文认为，对山里的教师来说，到大城市走走，也是一次很好的学习机会，这有助于舒解教师的心理压力，缓解他们的郁闷情绪。其实，在外出学习的过程中，教师的许多心理问题也许就能顺利地解决。这也是教师的福利之一，不要认为发钱就是福利。在学校里，好的教学条件是福利，好的氛围、同事之间和睦相处，也是一种福利。如果我们的教师没有认同感，就不会有好教育。

陈文坦言，现在浏阳市的学校里，教师阅读氛围比较好。教师虽然工作繁忙，但开始注重将阅读与教学联系起来，渐渐尝到了读书的甜头。浏阳市一位70多岁的退休教师就出了一本书，教育局还专门为他组织了一次读书会。

在陈文的倡导下，几乎每所学校都有读书沙龙活动，并建了教师博客圈。如浏阳二中的教师自发组建的“新自我 · 新教育”博客圈，一年来取得了很大成就，汇聚了一大批浏阳教研精英，为浏阳教研添注了无限活力。他多次在学校召开现场会，鼓励各校建好自己的博客圈，再打通校际之间的界限，并要求教科所拿出相关的评价方案，定期评选出“优秀博客圈”“优秀网络教研员”“优秀博文”。

另外，在浏阳市，都是通过公推的形式选拔校长，本人要发表演说，同时还要接受读书方面的考核，唯有全部通过，才有机会上岗。

多年以来，浏阳市教师的读书典型似雨后春笋，遍地开花，如浏阳市人民路小学的张自玲老师就读了大量的书，学识非常渊博，对教学也格外有想法。陈文喜欢这样的教师，经常与他们交流。浏阳市小河中学的周芳元老师就说：“陈局长经常发短信鼓励我学习和教研，我手机上就有几十条他给我的信息，他真的是一个好局长。”

做一个有思想的教育局局长

在许多教师看来，陈文爱读书，也爱思考。

在30多年的教育生涯中，陈文留下了大量有关教育教学的实践与思考的印记。在他的书架上，有一本教学反思，封面上工工整整地写着“做一个合格的语文教师”，里面记着他在课堂教学中的点点滴滴，包括围绕一个字的发言、对一个词的解释、一篇课文教下来学生的反应等。

陈文的书架上也有一本他的教材分析手稿，是他钻研教材的见证。那时他从语文杂志上了解到上海市特级教师于漪老师的备课方法，于是学着教育名家在上课前反复研究每一篇课文，在不看任何参考书的情况下写出对每篇课文的分析，然后再找来教学参考书对照学习，看哪些是自己分析到了而教参上没讲到的，哪些是教参上讲到了而他没想到的，哪些又是“英雄所见略同”。他不断地积累与反思，于是他的评课与建议，总是令教师心服口服。

而为了让更多的教师成长为教育名家，陈文跑遍了全市所有的中小学，和一线教师们一起聊“坐稳一把椅子”，聊“烧开一壶水”，说“有为，有位”，增强教师们对教育工作的归属感和成就感，帮助他们尽快走上教学与教研相结合之路。因为这种“用心一也”的劲头，他34岁时被评为中学高级教师，39岁时被评为湖南省中学语文特级教师，2006年被破格提拔为教育局副局长。

至今，陈文出版了4部专著，里面记载着他对教育、对教学的思考。在他看来，教育是慢功夫，需要有深入的反思与谋划。面对许多一刀切、硬性管理的教育行为，他越发感觉到，教育行政部门，想不明白的事情就不要做，否则将偏离教育规律，无助于良好教育生态的建设，也不能管得太死，应给教师一定的发展空间，给学校方向上的指引。

他说，理想的教育应该充满浪漫的情怀、人格的感染、气质的浸润、灵魂的沟通、精神的召唤。有什么样的教育理想，便会培养出什么样的人才。

在走访浏阳市一些学校的过程中，明显能够感觉到，一线教师非常认可陈文所坚持的教育品质。一位中学教师就曾这样评价他：“当全国都在沉迷于课改模式的研究和推广时，陈局长看到了课改不只是改技术和形式，更重要的是改观念和思想；当各地都在想方设法包装自己的课堂时，陈局长首先想到的是改变教师，改进学习方式；当各地都在自上而下进行指令性课改时，陈局长却以图书为媒，大力推广阅读，引领教师专业成长。其实，所有这些教育改革，无不反映出他是一位爱思考、勤思考的教育者。”

回首 30 多年从教之路，陈文说：“我的成功不在于从一名普通教师到教研室主任、教育局副局长，而是我从阅读中感悟了人生，找到了适合自己的生命状态，找到了一条属于自己的道路。”

（本文刊载于《中国教育报》，收入本书时略有改动）

后记

教育情未了

教育，是这个世界留给人类的最大难题之一。古往今来，多少有识之士上下求索，虽九死而未悔，在教育领域留下了浩如烟海的著作。这些闪耀真理光芒的著作给后来的教育者以诸多方面的启迪，让他们从中受益。我就是这样一位教育后来者，入职之初，工作之余，如饥似渴地读我国现代教育家叶圣陶和苏联教育家苏霍姆林斯基的著作，在他们的指引下认真工作着，以至现在回忆自己半生的工作历程，还是以为受这两位的影响最大。由此展开，读其他一些教育家的论述，从孔子到陶行知，从苏格拉底到杜威。在学习前贤的过程中自己变成了一个思考者、实践者。我的职业路线是，从一线教师到教研员、教研室主任、分管教学业务的副局长。一路走来，在不同的平台上，不同的角色中，体味着教育带来的酸甜苦辣。

至今，我清晰地记得挑着一个简单的担子走进大围山下浏阳市第十三中学的情形。在这所条件简陋的学校里，我干了整整 10 年，从书本里，从老教师身上，从学生身上，我逐渐明白了做人做事的道理。1992 年 9 月，一个特别好的机会，我走进了浏阳市教育局教研室的大门，在中学语文教研员兼教研室主任的任上，干了 13 年。在这个广阔的平台上，我不知疲倦地工作着、学习着、反思着，带领整个教研团队做了一些切实而有效的工作，让浏阳市教研室成为了湖南省先进教研单位。2006 年 3 月，我被任命为副局长，分管教学教研等。岗位变了，地位变了，但我对教育的痴情没有变，每次下校调研，我一般都拒绝听校长这样那样的汇报，而是要一张小板凳，拎着它走进教室。我的公文包常常是鼓鼓的，里面装满了书，那是我要送给教师们的精神食粮。我不想将自己定位为一个官僚，而只想引领教师们“坐稳一把椅子”（爱自己的工作），“烧开一壶水”（对自己所从事的工作不断反思、总结）；引领教师们过一种读写为伴的生活；引领教师们离真教育更近一点点。

一眨眼，33 年就这样过去了，而我，对教育的思考还是那么肤浅，为教育所做的工作还是少之又少。多少次与教师们交流，我都坦诚地承认，很多时候我充当了“伪教育”帮凶的角色。幸好这种角色有期限，2015 年 9 月，我愉快地离开了任职近 10 年的副局长岗位。无官一身轻，我可以静下来更好地反思当前的中国教育和自己的教育工作。跳出教育看教育，我还真发现不少教育的不足和可以改进、改革的地方。

这本小书里的文章，大部分写于副局长任上，也有一些是近一年来对教育的思考。感谢吴法源先生，是他的鼓励和帮助，使得这些曾散见于报刊的东西得以结集出版。感谢北京理工大学教授、21 世纪教育研究院院长杨东平先生在百忙之中为我这本小书作序。感谢源创图书编辑李热爱认真、细致的编校，让这些短文能以一种较好的姿态“活”下来。感谢在我的人生之路上所有关心、支持我的亲人和朋友。人生有代谢，事业无止境。虽然离开了教育领导岗位，但我对教育的钟爱，对教育的思考，是长久的，永远的。

2017 年 3 月 15 日于北京

图书在版编目（CIP）数据

教育必须刚刚好 / 陈文著．—北京：中国人民大学出版社，2017.5
ISBN 978-7-300-24466-2

Ⅰ．①教…　Ⅱ．①陈…　Ⅲ．①教育—文集
Ⅳ．①G4-53

中国版本图书馆 CIP 数据核字（2017）第 116120 号

教育必须刚刚好
陈　文　著
Jiaoyu Bixu Ganggang Hao

出版发行　中国人民大学出版社
社　　址　北京中关村大街 31 号　　**邮政编码**　100080
电　　话　010-62511242（总编室）　010-62511770（质管部）
010-82501766（邮购部）　010-62514148（门市部）
010-62515195（发行公司）　010-62515275（盗版举报）
网　　址　http://www.crup.com.cn
经　　销　新华书店
印　　刷　北京东君印刷有限公司
规　　格　168 mm × 239 mm　16 开本　　**版　　次**　2017 年 7 月第 1 版
印　　张　14.5　插页 1　　**印　　次**　2019 年 11 月第 4 次印刷
字　　数　190 000　　**定　　价**　39.80 元
